A CURVATURA DA BANANA

Copyright © 2018 por Marcos Costa

Todos os direitos reservados. Nenhuma parte deste livro pode ser utilizada ou reproduzida sob quaisquer meios existentes sem autorização por escrito dos editores.

edição: Pascoal Soto

revisão: Ana Kronemberger, Hermínia Totti, Luis Américo Costa e Sheila Til

diagramação: Valéria Teixeira

imagens do miolo: p. 15: charge de *O mequetrefe*, 1877, nº 101, Acervo da Fundação Biblioteca Nacional; p. 97: Interfoto/Latinstock; p. 139: Valter Campanato / Agência Brasil

capa: Retina_78

impressão e acabamento: Geográfica e Editora Ltda.

CIP-BRASIL. CATALOGAÇÃO NA PUBLICAÇÃO
SINDICATO NACIONAL DOS EDITORES DE LIVROS, RJ

C874c Costa, Marcos
A curvatura da banana/ Marcos Costa;
Rio de Janeiro: Estação Brasil, 2018.
240p.; il.; 16 x 23cm.

ISBN 978-85-5608-031-8

1. História do Brasil. I. Título.

18-48770

CDD: 981
CDU: 94(81)

Todos os direitos reservados, no Brasil, por
GMT Editores Ltda.
Rua Voluntários da Pátria, 45 – Gr. 1.404 – Botafogo
22270-000 – Rio de Janeiro – RJ
Tel.: (21) 2538-4100 – Fax: (21) 2286-9244
E-mail: atendimento@sextante.com.br
www.sextante.com.br

De D. João I a Getúlio Vargas, numa viagem de seis séculos, uma estrutura político-social resistiu a todas as transformações fundamentais [...]: a comunidade política que conduz, comanda, supervisiona os negócios como negócios privados seus, na origem, como negócios públicos depois [...]. Dessa realidade se projeta, em florescimento natural, a forma de poder, institucionalizada num tipo de domínio: o patrimonialismo, cuja legitimação assenta no tradicionalismo.

Raymundo Faoro, *Os donos do poder*

Política silogística [...] é uma pura arte de construção no vácuo. A base são teses, e não fatos; o material, ideias, e não homens; a situação, o mundo, e não o país; os habitantes, as gerações futuras, e não as atuais.

Joaquim Nabuco, *Balmaceda*

A vida social será antecipada pelas reformas legislativas, esteticamente sedutoras, assim como a atividade econômica será criada a partir do esquema, do papel para a realidade. Caminho este antagônico ao pragmatismo político, ao florescimento espontâneo da árvore [...], como o amor a concepções doutrinárias com que modelamos nossas constituições e procuramos seguir as formas políticas adotadas, é bem a demonstração do esforço por construir com a lei, antes dos fatos, uma ordem política e uma vida pública que os costumes, a tradição e os antecedentes históricos não formaram, nem tiveram tempo de sedimentar e cristalizar[...]. Em última análise, a soberania popular não existe, senão como farsa, escamoteação ou engodo.

Raymundo Faoro, Os donos do poder

O Estado não é uma ampliação do círculo familiar e, ainda menos, uma integração de certos agrupamentos, de certas vontades particularistas, de que a família é o melhor exemplo. Não existe, entre o círculo familiar e o Estado, uma gradação, mas antes uma descontinuidade e até uma oposição [...]. Só pela transgressão da ordem doméstica e familiar é que nasce o Estado e que o simples indivíduo se faz cidadão, contribuinte, eleitor, elegível, recrutável e responsável, ante as leis da cidade.

Sérgio Buarque de Holanda, Raízes do Brasil

*Aqui tudo parece que é construção,
mas já é ruína.*

Claude Lévi-Strauss, *Tristes trópicos*

O espírito não é força normativa, salvo onde pode servir à vida social e onde lhe corresponde. As formas superiores da sociedade devem ser como um contorno congênito a ela e dela inseparável: emergem continuamente das suas necessidades específicas e jamais das escolhas caprichosas. Há, porém, um demônio pérfido e pretensioso, que se ocupa em obscurecer aos nossos olhos essas verdades singelas. Inspirados por ele, os homens se veem diversos do que são e criam novas preferências e repugnâncias. É raro que sejam das boas.

Sérgio Buarque de Holanda, *Raízes do Brasil*

SUMÁRIO

Introdução   11

PRIMEIRA PARTE

I	Nossa doença infantil	17
II	A origem da confusão entre público e privado	22
III	A União Ibérica	25
IV	O Brasil Holandês	28
V	Contrastes entre a colonização holandesa e a portuguesa	31
VI	A restauração portuguesa	36
VII	O Reino Cadaveroso	42
VIII	O sermão do bom ladrão	47
IX	Aquele maldito alvará	50
X	O dia em que Napoleão deu uma força ao Brasil	58
XI	O eterno ontem	62
XII	O barão de Mauá e a gênese da especulação financeira no Brasil	69
XIII	O barão de Mauá e a gênese das concessões públicas e das fortunas subsidiadas no Brasil	75
XIV	A delação premiada do barão de Mauá	79
XV	O censo de 1872: que país é este?	87
XVI	1888: o duelo entre dois mundos	89
XVII	1889: o golpe militar como ato de resistência do atraso	93

SEGUNDA PARTE

I	A república das fortunas subsidiadas	99
II	Uma industrialização que se pariu a fórceps	112
III	A realidade de concreto armado	116
IV	Modernização conservadora	122
V	Haveria alguma vantagem no atraso?	127
VI	As desvantagens do atraso	132

TERCEIRA PARTE

I	Abertura política	141
II	Se no princípio era só uma confusão, agora é o caos	148
III	Do velho capitalismo de estado ao novo capitalismo politicamente orientado ou do novo capitalismo de estado ao velho capitalismo politicamente orientado?	153
IV	A Revolução de 2013	164
V	Fiscalismo predatório	170
VI	Os *dealers*: seria o Brasil um imenso jogo de pôquer?	180
VII	As doações eleitorais	189
VIII	O país da inesgotável farra subsidiada	193
	O vice-reinado da Odebrecht	195
	O vice-reinado da JBS	197
	O vice-reinado do império X	200
IX	Impeachment ou um duelo no interior do estamento?	204
X	Uma República de Weimar tropical?	211
XI	A operação Lava Jato: entre a nação e a barbárie	213

Notas	220
Bibliografia	227

INTRODUÇÃO

De início é bom ter em mente e deixar claro que todos os problemas do Brasil – sociais, de desigualdade extrema – são oriundos de decisões políticas históricas, portanto, deliberadas. Uma situação construída a partir de opções políticas que, se fossem outras, poderiam ter nos levado a uma realidade diferente.

A partir desse pressuposto é possível começar a compreender o Brasil.

Que o poder econômico sempre determinou a política brasileira todos nós sabemos. Mas, nos dias em que vivemos, essa determinação chegou às raias da loucura.

A história do Brasil é um palíndromo perfeito, reportando de trás para a frente e da frente para trás uma mesma sequência de acontecimentos, assim como uma palavra palindrômica apresenta exatamente a mesma sequência de letras quando lida nos dois sentidos. A recorrência de certas práticas ao longo de nossa história revela um elo assustador e profundo entre os que aqui chegaram em 1500 e os que aqui hoje estão. Isso porque, em todo o seu percurso, "a realidade histórica brasileira demonstrou a persistência secular da estrutura patrimonial, resistindo galhardamente, inviolavelmente, à repetição, em fase progressiva, da experiência capitalista".[1] Um mesmo objetivo animava e anima o espírito dos agentes públicos de ontem e de hoje: a espoliação, a expropriação, o lucro, a exploração.

No Brasil, o estamento – que, segundo Max Weber, é uma teia de relacionamentos que constitui o poder – se renova num ciclo de 30 a 50 anos. Esse espaço de tempo corresponde precisamente ao período de renovação dos políticos no poder. Em geral os políticos entram para o estamento em torno dos 40 anos de idade. Passados 30 ou 40 anos, são forçosamente substituídos pela ação do tempo, e novos membros surgem com novos pleitos e novas demandas. Quase todas essas transições de três a cinco décadas ocorreram com abalos imensos, como um ciclone, um tsunami.

Desse modo, pode-se dizer que o Brasil sofre de uma espécie de psicopatia incurável. Cíclica, ela às vezes adormece, nos dá a impressão de ter sido extinta, mas sempre ressurge – como toda psicopatia – e é, invariavelmente, devastadora. O primeiro desses ciclos se dá entre a independência, em 1822, e 1850, com o fim do tráfico negreiro e o surto desenvolvimentista; o segundo, de 1851 até 1889, com o golpe militar que instituiu a República; o terceiro, de 1890 até 1930-1937, com o golpe militar que estabeleceu o Estado Novo; o quarto, de 1931 até 1964, quando um golpe militar impôs a ditadura; o quinto, de 1965 até 1988, com a abertura política e a redemocratização; e, por fim, o sexto ciclo, de 1989 até 2017, com uma crise política, econômica e ética sem precedentes.

As três partes deste livro fazem esse percurso por meio da seguinte periodicidade:

De 1500 a 1888, 388 anos nos quais predominou o trabalho escravo – e o mais absurdo é que o fim da escravidão só se deu por meio de uma ruptura drástica, não por um consenso de que a situação social da escravidão era uma insanidade, um atentado contra a humanidade (vejam só como chega às raias da loucura a defesa de certos interesses setoriais ou de classe no Brasil).

De 1889 a 1984, quando três golpes militares impuseram ao país mudanças abruptas, antidemocráticas, porque em todas as ocasiões o povo foi completamente ignorado, desprezado e tratado como incapaz de tomar decisões.

E, por fim, do período de redemocratização, de 1985 até 2017, quando várias crises convergiram para um desencontro e uma desesperança como nunca se viram no Brasil – crise política, crise econômica, crise institucional, crise ética, crise de representatividade – e expuseram ao mundo nossas vísceras, nossa incapacidade, nossa pobreza, nossa canalhice cotidiana.

Tais crises expuseram também o abismo que existe entre Estado e sociedade civil. Romperam as já tênues linhas que nos separavam da barbárie. Descobrimos, estupefatos, que não fizemos a passagem do estado de natureza para o contrato social e que vivemos, no fundo, numa lógica primitiva em que prevalece a luta de todos contra todos. Levaram-nos ou mantiveram-nos esse tempo todo nesse estado porque nele tudo é permitido, e os mais fortes – aqueles que têm ao seu lado o aparelhamento do Estado – se sobrepõem aos mais fracos: o povo, vítima desse estamento.

O que o país precisa para romper essa patologia cíclica é de um projeto de nação. Mesmo que as ideias de projeto e de nação possam parecer envelhecidas e antiquadas. Nesse sentido, a Operação Lava Jato é fundamental, porque ela se pôs, justamente em um momento de transição, entre a velha política brasileira e a sua renovação, interrompendo um ciclo reprodutor secular no Brasil. Daí estarmos vivendo um momento extremamente conturbado, turbulento, dividido entre dois mundos: "um quase definitivamente morto"– representante do atraso –, mas que luta com todas as forças para não expirar; e outro – que quer um país novo – "que luta por vir à luz"[2] e sair das trevas.

Acabar com a corrupção e resgatar alguns valores perdidos no percurso, tais como ética e honestidade, é apenas o passo inicial. A partir daí outros deverão ser dados, alguns de curta e outros de longa duração, para projetar um horizonte e construir uma perspectiva para o presente e para o futuro. Embora cada país tenha sua especificidade, precisamos aprender com os outros – esta é a única vantagem do nosso atraso: a possibilidade de queimar etapas em direção a um país mais justo. Temos todas as condições para construir um grande país – o território, a riqueza natural, o povo –; o que nos falta é um projeto de nação.

Devemos fazer algumas perguntas apenas e ver se somos ou não capazes de respondê-las. Temos que criar alguns desafios e ver se somos ou não capazes de vencê-los. Precisamos definir metas e ver se somos ou não capazes de cumpri-las. Cabe a nós definir que país queremos e fazer com que ele aconteça.

Estamos em meio a mais um ciclone devastador. Porém, após o desastre, as perguntas que temos colocadas na mesa são:

Quem está disposto a construir um novo país?

Quem tem um projeto de nação para o Brasil?

PRIMEIRA PARTE

De 1500 a 1888, quando a abolição da escravidão pareceu ter enfim aberto nosso caminho para um novo mundo

I

NOSSA DOENÇA INFANTIL

Para começar a tatear o fundo do poço a que chegou hoje o Brasil com a maior crise econômica e política da sua história, é preciso voltar os olhos para o passado. A origem de tudo pode ser encontrada no tipo de colonização que foi implantado aqui pelos portugueses, vertente de uma dinâmica única entre todos os processos colonizadores correlatos no mundo, que fincou raízes profundas, estendendo-se no espaço e no tempo.

Ao contrário da colônia de povoamento estabelecida no norte da América por colonos ingleses, que iniciaram uma experiência inteiramente nova, aqui – como sabemos – vicejou uma colônia de exploração com um viés diametralmente oposto. A daqui foi apenas agregada à produção e ao comércio preexistentes que os portugueses haviam implantado e desenvolvido com sucesso entre a Europa, a África e os arquipélagos da Madeira e dos Açores.

A coisa toda funcionava da seguinte forma: nos arquipélagos, os portugueses – ainda em busca do caminho para as Índias – arrendavam as terras que iam descobrindo pelo caminho e firmavam parcerias com empresários – judeus sefarditas radicados nas ilhas – para a produção de açúcar, um artigo novo, pouquíssimo conhecido ainda na Europa, mas que logo cairia no gosto de todos.

A condição era que a eles, os portugueses, fossem dados os monopólios da oferta de mão de obra – escravos – e da compra e revenda do produto final – o açúcar – na Europa. Com o aumento do consumo do açúcar e, consequentemente, da produção, dois elementos escassos nos arquipélagos se tornavam cada vez mais necessários: terras cultiváveis e mão de obra.

Só então Portugal resolveu retomar para si as terras que estavam arrendadas para uma joint venture de empresários e banqueiros que aqui exploravam os parcos produtos extrativos.

A colonização do Brasil nasce, como se vê, dessa necessidade de expansão do empreendimento comercial português. Desse modo surgem as capitanias hereditárias, que nada mais são do que um loteamento cujas faixas territoriais serão doadas para que empresários possam produzir preferencialmente açúcar.

O modelo seria o mesmo dos arquipélagos, ou seja, completamente em sintonia com o espírito mercantilista da época: monopólio para os portugueses tanto na compra do açúcar como na oferta da mão de obra escrava. O Brasil, portanto, nasce como um vasto, racional e articulado empreendimento comercial. O parco governo português que se estabelece por aqui é apenas de caráter arrecadador e de vigilância, com o intuito de garantir o quinhão de Portugal.

Nesse ambiente de parceria público-privada, visando o favorecimento mútuo entre governo e empresários, é que se lança a pedra fundamental do país. Dessa transgenia surge a semente que dará origem a uma planta exótica cujo fruto vai ser uma total indistinção entre o que é público e o que é privado.

Essa planta – porque regada, cultivada como uma espécie de galinha dos ovos de ouro – vai estender suas raízes e, no limite, se transformará numa frondosa árvore cuja sombra sufocante vai pairar sobre todo o país. Passaram-se os séculos e não conseguimos nos livrar dessa configuração inicial, que permaneceu intocável, para desgraça geral da nação, no espaço e no tempo.

Avançando 500 anos, em 2014 a Polícia Federal e o Ministério Público do Brasil iniciaram uma operação policial como tantas outras que corriqueiramente colocam em marcha. Nomeiam cada uma delas e, para essa, escolheram o nome Lava Jato.

Em pouco tempo de investigação, perceberam que estavam diante do maior esquema de corrupção já encontrado na história do país. Descobriram que funcionários públicos em cargos de confiança, políticos e empresários formavam um estamento, ou seja, comandavam a administração do Estado "com aparelhamento próprio, dirigindo as esferas política, econômica e financeira".³ Haviam, vejam só, como no século XVI, loteado o país, suas obras, suas empresas estatais, as licitações governamentais, cada centímetro. Cá como lá, ao rei e ao seu entourage caberia um quinhão no lucro que as empresas pudessem auferir. Era aquela árvore ancestral frutificando mais uma vez, não por não ser erradicável, mas porque sempre encontrava ambiente fértil para florescer.

Embora fossem os brasileiros que estivessem pagando a conta, para eles não chegou a ser novidade mais um deprimente e lamentável caso de aparelhamento do Estado e de corrupção. A verdade é que, desde a origem do Brasil, a formação do povo brasileiro se dá à margem desse sistema de parceria público-privada, que toca os melhores negócios do país. Éramos e somos, portanto, dois Brasis, um racional, metódico, organizado e próspero; e outro, abandonado à própria sorte, caótico e improvisado. Somos resultantes, como povo, segundo Darcy Ribeiro, "do embate daquele racionalismo burocrático que queria executar na terra nova um projeto oficial com esse espontaneísmo que a ia formando ao deus-dará".⁴

Não enterraram, portanto, um sapo na encruzilhada.

A recorrência, no Brasil, dessas relações espúrias entre governo e empresários e a consequente falta de distinção entre o público e o privado devem, porém, ser objeto de uma reflexão profunda, por serem a vertente de nosso descompasso com a civilização, de nosso eterno voo de galinha como nação, de toda a nossa tragédia cotidiana.

Essa recorrência provém de uma cultura personalista tipicamente brasileira que só pode ser compreendida numa perspectiva histórica. Desse modo, em uma análise de longa duração, o episódio de corrupção recente se revela apenas mais um efeito colateral de uma doença infantil, adquirida no início de nossa formação como nação. Nunca erradicada, essa doença reaparece de tempos em tempos, e a explicação para tal recorrência é simples: nós seguimos tratando equivocadamente com uma das mãos os sintomas e, com a outra, alimentando com caviar seus agentes infectantes e seus vetores.

É óbvio que nunca vamos vencê-los.

Desse modo, tendo a sociedade brasileira sido constituída desde o início da forma que foi – repassando nossa história de 1500 até os dias de hoje, percebemos que nunca fomos um país; fomos e somos uma parceria entre governo e empresas –, o resultado não poderia ter sido outro. É da natureza de um sistema completamente descompromissado com um projeto de nação gerar uma sociedade também extremamente personalista, cuja peculiaridade é a prevalência da parte sobre o todo. Assim como é da natureza da bananeira gerar um fruto como a banana, com todas as suas características, inclusive sua curvatura peculiar.

A corrupção está para o tipo de sociedade, de política e de economia que se praticam no Brasil como a sua curvatura peculiar está para a banana, ou seja, é sua mais primária natureza, sua genética, seu destino e sua disposição natural.

Enquanto não houver uma nação, não haverá povo, não haverá cidadania. Assim como enquanto cultivarmos bananeiras não iremos colher outro fruto senão bananas.

O escândalo de corrupção revelado pela Operação Lava Jato nos fez reencontrar uma realidade difícil de deglutir: a de que em 500 anos não avançamos nada em direção à construção de uma nação pautada pela ética, pela isonomia, pela equidade e pela busca incansável de um estado permanente de bem-estar social para o povo. Jamais conseguimos fazer com que se encontrassem definitivamente os dois Brasis que correm em linhas paralelas, uma indiferente à outra.

Analisando a lamentável situação atual do país, pode-se notar facilmente como os responsáveis por todo o nosso desgoverno são os mesmos fantasmas de sempre: é a velha confusão brasileira entre o público e o privado; são as velhas relações perigosas entre governantes e empresários; é a velha falta de um projeto de nação. Tudo isso é fruto daquela transgenia exótica que, ao unir dois elementos que deveriam existir em polos diametralmente opostos, acabou criando uma sociedade com características *sui generis*.

Desse modo, pode-se dizer que, da chegada de Cabral até Michel Temer, uma mesma estrutura político-social resistiu a todas as transformações fundamentais: "A comunidade política conduz, comanda, supervisiona os negócios como negócios privados seus, na origem, como negócios públicos depois. Dessa realidade se projeta a forma de poder, institucionalizada num tipo de domínio: o patrimonialismo."[5]

Foi e é esse patrimonialismo que, ao longo de toda a nossa existência, pôs em marcha, comandou e gerenciou cada etapa de nosso projeto de nação. Precário, unidimensional, mal resolvido, patriarcal, extremamente excludente e avesso à modernização da sociedade brasileira, ele nos transformou nessa espécie de ornitorrinco social cujo habitat é um lodaçal, uma pocilga, um pântano obscuro.

Vejamos como tudo isso começou.

II
A ORIGEM DA CONFUSÃO ENTRE PÚBLICO E PRIVADO

O grande pioneirismo dos portugueses foi a conquista dos trópicos para a civilização europeia. Os portugueses, segundo Sérgio Buarque de Holanda, eram não apenas "os portadores efetivos como os portadores naturais dessa missão".[6] De fato, talvez nenhum outro povo estivesse preparado, na ocasião da expansão comercial marítima, para lançar-se em busca de uma rota pouco usual, sobretudo em meio aos diversos mitos quinhentistas que povoavam as histórias que se contavam sobre o mar. Afastado do comércio do Mediterrâneo, Portugal tinha todo o tempo do mundo para fazer suas incursões, primeiro pela costa ocidental da África, depois na Ásia e, por fim, na América.

Envolvidos inicialmente, portanto, com o comércio no Oriente, a ideia de povoar a América não ocorre a nenhum povo europeu. Ao contrário, segundo Caio Prado Júnior, "é o comércio que os interessa, e daí o relativo desprezo por este território primitivo e vazio".[7] Em verdade, a América com que toparam "não foi para eles, a princípio, senão um obstáculo à realização de seus planos e que devia ser contornado".[8] Também para Celso Furtado, as terras americanas realmente não interessaram ao espírito aventureiro dos portugueses, a descoberta "de início pareceu ser episódio secundário, e na verdade o foi para os portugueses durante todo um meio século".[9] Somente a esperança de um verdadeiro "negócio da china" em terras ocidentais faria com que os portugueses desviassem "recursos de empresas muito mais produtivas no Oriente"[10] e não se despojassem completamente de suas posses de além-mar.

Por isso, em 1503 D. Manuel I, rei de Portugal, ficou inconsolável:

havia acabado de receber uma carta de Américo Vespúcio com a desalentadora notícia de que, para o comércio, a terra era imprestável: "Pode-se dizer que nela não encontramos nada de proveito, exceto infinitas árvores de pau-brasil."[11] Uma madeira que vertia uma tinta vermelha, muito parecida, porém mais ordinária, com a que produzia certo corante vindo da Índia, foi a única possibilidade de negócio que de imediato conseguiu prospectar, no Brasil, o treinado faro dos portugueses. Para Portugal, segundo Gilberto Freyre, o ideal teria sido encontrar "uma outra Índia com que pudessem comerciar especiarias ou um outro Peru, de onde poderiam extrair ouro ou prata e não estabelecer uma colônia de plantação".[12]

Descoberto o caminho para as Índias, foi como se Portugal tivesse descoberto o caminho para o paraíso. Em menos de uma década, porém, o cenário se tornou completamente outro. A realidade foi aos poucos se impondo sobre o sonho do enriquecimento e as longas viagens foram tornando a rota para as Índias cada vez mais onerosa. Ao mesmo tempo que mantinham a assiduidade da navegação e do comércio com o Oriente, Portugal foi também, astutamente, desenvolvendo o comércio de novos produtos na costa ocidental da África. Primeiro foram o ouro e as pedras preciosas e, quase concomitantemente, a cana-de-açúcar, cuja produção foi implantada, de forma experimental, como vimos, nos arquipélagos da Madeira e dos Açores. O açúcar era produzido por engenhos particulares e Portugal detinha o monopólio do comércio. À medida que o consumo de açúcar aumentava nos principais centros europeus, crescia também a demanda pela produção, que exigia cada vez mais terras cultiváveis e mão de obra.

A necessidade de terras estava relativamente resolvida com a descoberta recente do Brasil – que estava nesse período arrendado para o grupo de Fernando de Noronha. A necessidade de mão de obra, no entanto, abriu para Portugal a oportunidade do maior negócio de sua história: o comércio de escravos. Com o tempo este se tornaria mais lucrativo do que o próprio comércio do açúcar e infinitamente mais rentável que o comércio com o Oriente.

A colonização do Brasil se deu só e tão somente à medida que se criaram as condições favoráveis e se ampliaram os interesses dos portugueses na produção de açúcar e no comércio de escravos. Apenas a partir dessa condição é que o interesse português se desviou para as terras da América e surgiu o consequente esforço de ocupá-las em caráter permanente. Sem esse upgrade no comércio do açúcar as terras brasileiras provavelmente permaneceriam arrendadas *ad infinitum*.

Com esse impulso colonizador no Brasil, Portugal quis multiplicar seu empreendimento, composto por dois polos complementares: um de "produção" de escravos na África e outro de "consumo" de escravos nos arquipélagos portugueses – Madeira e Açores – e no Brasil. A partir desse momento o grande negócio dos portugueses não foi mais o comércio das especiarias das Índias, mas o monopólio do negócio do açúcar e dos escravos, baseado numa parceria muito conhecida por todos nós: de um lado, o Estado português, gerido como uma empresa privada pelo rei, e, de outro, empresas privadas, sobretudo holandesas, constituídas por judeus sefarditas radicados em Amsterdã.

Esse modo de negócio inventado pelos portugueses – a parceria público-privada – criou raízes profundas no Brasil e selou nosso destino como nação em dois sentidos. Primeiro, porque durante séculos não seríamos tratados como nação, mas como apêndice dos negócios metropolitanos. Segundo, porque, se não há nação, não há povo – no sentido jurídico-político –, não há cidadãos; daí o descaso histórico no Brasil com a sua gente.

Sem compromisso com a nação e com o povo, era o início da lógica brasileira do "cada um por si e o Estado contra todos".

III
A UNIÃO IBÉRICA

O modelo português de terceirização de todos os seus mais lucrativos negócios vai andar bem até 1580, quando, de forma imprevisível, inesperada e nefasta para a parceria entre portugueses e holandeses no Brasil, a Espanha anexa Portugal. Com a União Ibérica se inicia um impasse que vai reverberar diretamente no Brasil. Primeiro, porque a Holanda estava em guerra com a Espanha pela emancipação; segundo, porque os judeus holandeses que tocavam o negócio do açúcar no Brasil eram justamente a primeira geração de descendentes da comunidade judaica que havia sido expulsa da Espanha em 1492. Desse modo, a nova proximidade com a Espanha fazia reaparecer um pesadelo que parecia ter sido sepultado para sempre.

Quando ocorreu a União Ibérica, em 1580, uma das primeiras atitudes de Filipe II, rei da Espanha, claro, foi dificultar o acesso dos holandeses aos portos de Lisboa e do Brasil. A produção de açúcar em terras brasileiras era inteiramente financiada por eles, desde o cultivo, passando pelo transporte, pelo refino, até chegar à distribuição do produto final na Europa. Grande parte do capital dos judeus sefarditas que havia sido salvo do confisco de bens em 1492, na Espanha, estava empregado na produção do açúcar no Brasil.

A situação era gravíssima e a Holanda resolveu partir para o ataque. Desse modo, uma vez rompida a parceria que tinha com Portugal, ao qual cabia o mero arrendamento das terras e o monopólio no fornecimento de escravos, a Holanda toma tudo para si, ou seja, fica com o melhor negócio na América depois da prata de Potosí. Ato contínuo, em 1581, num átimo, a Holanda declara sua emancipação da Espanha.

A reação espanhola foi também imediata. Em 1591 intensifica as investidas da Inquisição no Brasil, nomeando visitador-mor Heitor Furtado de Mendonça. Entre 1593 e 1595, depois de uma passagem por Salvador, então capital do Brasil, o visitador chega ao Recife para uma verdadeira devassa. Nesse momento uma luz vermelha se acende no Brasil holandês e em Amsterdã.

Na iminência de perder sua fortuna outra vez, os judeus sefarditas, pragmáticos, partem novamente para o ataque. Eles serão os grandes financistas da Companhia das Índias Orientais, fundada em 1602, que, uma vez rompido o consórcio entre Holanda e Portugal, toma grande parte do Império Português na África e na Ásia, como, por exemplo, o forte de São Jorge da Mina – importante centro comercial na costa ocidental africana –, entre outras possessões ultramarinas portuguesas. Mais tarde, em 1621, quando a situação no Brasil entra num momento crítico, eles fundarão a Companhia das Índias Ocidentais, com o objetivo único e exclusivo de declarar guerra a Filipe II, invadir o Brasil e procurar retomar a autonomia perdida sobre a principal região produtora de açúcar do mundo.

Em 1624, invadem a Bahia, sede do Governo-Geral, mas malograram. Em 1630, tomam o Recife e, dessa vez, triunfam. Em 1669, as Companhias das Índias Ocidentais e das Índias Orientais da Holanda já seriam as mais ricas e agressivas empresas privadas do mundo. Possuíam mais de 150 navios mercantes, cerca de 40 navios de guerra, em torno de 50 mil funcionários e um exército de fazer inveja a qualquer rei: aproximadamente 10 mil soldados.

Perseguidos por Filipe II e com o histórico de relacionamento turbulento que tinham com a Espanha, os holandeses tomaram o Nordeste brasileiro mais para preparar a saída do que para garantir a permanência. Em pouco tempo transfeririam toda a produção de açúcar para as Antilhas e deixariam Espanha e Portugal a ver navios.

A saída dos holandeses do Brasil se dá, sobretudo, por causa da incompatibilidade crescente entre sua visão de negócio e a visão de Portugal e Espanha. Enquanto holandeses e, mais tarde, ingleses estavam embriagados pelo liberalismo, que é a teoria por trás do nascimento do capitalismo, os países ibéricos permaneciam presos ao passado, mantendo o Estado como agente da exploração comercial. Esse detalhe, projetado no espaço e no tempo, vai fazer toda a diferença nos rumos da colonização do Brasil, como veremos.

Dada sua mentalidade completamente diversa da dos portugueses, os holandeses edificaram, no curto período que ficaram, o que os portugueses – após a Restauração – não conseguiram (ou não quiseram) fazer em todo o período que ficaram no Brasil, ou seja, até 1822.

IV

O BRASIL HOLANDÊS

Por conta daquela separação entre dois Brasis, a opulência do Brasil holandês vai ser radicalmente o oposto do que era o resto do país naquele início do século XVII, contrastando brutalmente com a pobreza de outras cidades e regiões brasileiras. Enquanto nas demais capitanias predominavam aspectos rurais – quase toda a vida nacional se passava no campo, ao redor dos latifúndios, dos engenhos, das casas-grandes e senzalas, pois, segundo Sérgio Buarque de Holanda, "é efetivamente nas propriedades rústicas que toda a vida da colônia se concentra durante os séculos iniciais da ocupação"[13] –, o Brasil holandês vai desenvolver, além do mundo rural, um aspecto predominantemente urbano. Mesmo considerando que embora, por um lado, a Companhia das Índias Ocidentais tivesse claros e óbvios interesses comerciais, por outro lado, ela não deixou de implantar certos preceitos civilizatórios.

Exemplo disso é que, para governar o Brasil holandês, foi designado o conde João Maurício de Nassau-Siegen e, em sua comitiva, vieram cientistas, escultores, astrônomos, artistas plásticos, historiadores, arquitetos e intelectuais, entre eles nomes como Frans Post, Albert Eckhout, Guilherme Piso, George Marcgrave, Gaspar Barléu, Johan Nieuhoff e Pieter Post, ou seja, a fina flor da intelectualidade europeia.

Não foi por acaso que esse entourage todo veio para o Brasil. Com Portugal fora do negócio, os engenhos continuaram produzindo como nunca. O ritmo cada vez mais acelerado se devia ao vasto conhecimento técnico e organizacional em produzir açúcar nos trópicos, expertise que os holandeses haviam dominado como ninguém. A verdade é que o açúcar era a grande riqueza do Brasil no início do século XVII. Éramos certamente os maiores produtores no mundo de algo que valia ouro na Europa e rivalizava diretamente, em valor e importância, com as tão cobiçadas especiarias do Oriente. O Brasil foi para os holandeses uma mina de ouro a partir da qual edificaram a riqueza do seu país. Foi por isso que – diante de uma oportunidade como essa –, ao contrário dos portugueses, os holandeses zelaram pela parte que lhes coube do Brasil.

Quem vai hoje à cidade do Recife pode visitar as obras mais importantes construídas pelos holandeses no Brasil, entre elas o Palácio de Friburgo – suntuoso para o padrão das edificações brasileiras da época –, que servia de residência ao governador e possuía um jardim zoológico e um jardim botânico. Os holandeses promoveram grandes melhorias urbanas, como o calçamento de ruas com pedras, além da construção de moradias, de canais para evitar inundações, pontes, escolas, teatros, hospitais, asilos, estradas e fortes. A liberdade religiosa – contrastante com o obscurantismo da Contrarreforma espanhola – permitiu também que fosse construída, em 1636, a primeira sinagoga das Américas, a *Kahal Kadosh Zur Israel*.

Também permitiram o funcionamento da imprensa, criaram bibliotecas, museus e um observatório astronômico. Não era qualquer coisa em um país em que o uso da tipografia só seria autorizado a partir de 1808 e que viveria, portanto, do século XVI até o século XIX, como se ela não existisse. Essa escassez de livros se faz notar no índice colossal de analfabetismo registrado pelo primeiro censo, em 1872, em que 80% da população brasileira aparece como analfabeta.

Os holandeses cultivaram o surgimento de grêmios e ofícios, tão comuns na Europa, tais como os de sapateiros, curtidores, ferreiros, barbeiros, fundidores, que na América portuguesa sempre tiveram suas atividades proibidas e depreciadas, como qualquer trabalho manual, pela preponderância do trabalho escravo e da indústria caseira, entravando o desenvolvimento do comércio nas vilas e cidades.

O que fica claro para nós na comparação entre a experiência holandesa e a experiência portuguesa no Brasil é que, embora ambas tivessem nítido e inegável caráter comercial, o capitalismo com viés civilizatório dos holandeses contrasta brutalmente com o capitalismo meramente predatório dos portugueses.

Os portugueses nunca arregaçaram as mangas e colocaram a mão na massa; sua lógica era que sempre outros trabalhariam por eles. Tanto que, quando os holandeses desistiram do Brasil, em 1654, e levaram consigo toda a racionalização que empregaram na organização do negócio, deixando-o exclusivamente em mãos portuguesas, a produção de açúcar foi profundamente afetada e teve início, no complexo produtivo do Nordeste e, consequentemente, no Brasil, um ciclo irreversível de decadência.

V
CONTRASTES ENTRE A COLONIZAÇÃO HOLANDESA E A PORTUGUESA

Para termos uma noção do que significaram em nosso destino a retirada do espírito civilizador holandês e a permanência do espírito explorador português, cuja predominância impactou brutalmente a formação da nação brasileira, vamos ver alguns aspectos do contraste absurdo entre os dois tipos de colonização.

A primeira e mais gritante diferença entre a colonização holandesa e a portuguesa no Brasil é, evidentemente, o tipo de gente que traziam para cá. Enquanto os holandeses, como vimos, enviaram seus melhores quadros de diversas áreas do conhecimento com o intuito de construir, Portugal enviava para o Brasil uma legião de bandidos degredados. A pena máxima e mais temida que um criminoso recebia em Portugal era a de degredo – de exílio, expatriação, desterro – para o Brasil.

No plano mais concreto, ficam também evidentes as diferenças se tomarmos, por exemplo, o trato urbanístico na fundação das cidades portuguesas e holandesas na América. Elas confirmam a tese de que no Brasil nunca houve um projeto, por parte dos portugueses, com o intuito de construir uma nação. A colonização dos portugueses se distingue principalmente pela predominância de seu caráter de exploração comercial e, portanto, pelo descaso, pelo abandono.

Por esse tipo de dominação, o português, ao contrário do holandês, sempre "renunciou a trazer normas imperativas e absolutas, cedeu todas as vezes que as conveniências imediatas aconselharam a ceder, cuidou menos em construir, planejar ou plantar alicerces do que em feitorizar uma riqueza fácil e quase ao alcance da mão".[14]

Os núcleos de povoamento que os portugueses construíram na América não são produto de trabalho organizado e sistematizado, isso porque não chegam a contradizer, em nenhum momento, o quadro da natureza. Quem visita hoje nossas cidades históricas pode notar a falta de rigor, de método. Os portugueses deixaram simplesmente que as cidades se enlaçassem na linha da paisagem local, na topografia, crescendo desordenadamente, por meio de novas células que iam se conectando com a cidade de forma clandestina e depois eram apenas agregadas a ela, como fazemos até os dias de hoje.

Nas cidades holandesas o traçado urbano nos dá conta da disciplina imposta pelo Estado holandês aos rumos de sua colonização, nelas predominando "o traço retilíneo, em que se exprime a direção da vontade a um fim previsto e eleito",[15] ou seja, o de ordenar e dominar o mundo conquistado. Esse aspecto se ressalta numa análise do desenvolvimento da cidade de Amsterdã, com seu crescimento ordenado, planejado, geometricamente concebido, seus bairros, as ruas, os canais.

Esse impulso dos holandeses caracteriza antes a implantação da vontade humana, em que as ruas não se deixam levar pela sinuosidade e pelas asperezas do solo, mas, ao contrário, mostram "o assento voluntário da linha reta, a fim de vencer as fantasias caprichosas da paisagem agreste".[16]

Ainda no plano das cidades, o que se percebe é a ideia de que o homem pode intervir arbitrariamente, e com sucesso, no curso das coisas e que, ao contrário do desleixo dos portugueses, que deixavam tudo acontecer de forma aleatória, "a história não somente acontece, mas também pode ser dirigida e até fabricada".[17]

Esse tipo de pensamento alcança a seguinte expressão: os holandeses, ao contrário dos portugueses, querem fazer do país ocupado algo mais do que simples feitoria comercial: um prolongamento orgânico do seu país.

O progresso urbano da cidade do Recife – como vimos – era ocorrência inteiramente nova na vida brasileira: "Ao passo que em todo o resto do Brasil as cidades continuavam simples e pobres dependências dos domínios rurais, a metrópole pernambucana vivia por si."[18]

Fora essa experiência de colonização holandesa que durou pouco tempo e teve caráter definidamente urbano, "toda a estrutura de nossa sociedade colonial teve sua base fora dos meios urbanos. É preciso considerar este fato para se compreenderem exatamente as condições que, por via direta ou indireta, nos governaram até muito depois de proclamada a nossa independência política e cujos reflexos não se apagaram ainda hoje".[19]

Após a saída definitiva dos holandeses não restou, portanto, nenhuma força autônoma "capaz de criar uma consciência nacional e um desenvolvimento revolucionário apto a reorganizar a sociedade e a constituí-la em nação".[20]

Não estaria aí, nesse descaso da colonização portuguesa com os rumos do Brasil, a origem do caos urbano que vivemos ainda hoje em nossas principais cidades? A falta de saneamento, o crescimento desordenado, a ausência de planejamento, o déficit de moradias, o descontrole no ordenamento e no zoneamento urbanos, na arquitetura, na engenharia, no urbanismo, no paisagismo, o descaso com o ambiente em que vivemos?

Outro aspecto importante a considerarmos na diferenciação das duas colonizações são os tipos sociais característicos que predominaram em uma e outra. São duas éticas completamente opostas que podem ser resumidas da seguinte forma: de um lado, trabalhadores e, de outro, aventureiros – "uma busca novas experiências, acomoda-se no provisório e prefere descobrir a consolidar [os portugueses], outra estima a segurança e o esforço, aceitando as compensações a longo prazo [os holandeses]".[21]

O aventureiro, esse tipo social característico das nações ibéricas que a própria condição das grandes navegações atraía, por sua característica personalista, nos legou de herança toda a falta de racionalização da vida, que é fator característico das suas nações de origem. No Brasil, "a ânsia de prosperidade sem custo, de títulos honoríficos, de posições e riquezas fáceis, tão notoriamente característica da gente de nossa terra, não é bem uma das manifestações mais cruas do espírito de aventura?"[22]

A ética do trabalho, ou da moral fundada no culto do trabalho, é também algo que nos países ibéricos sempre causou repulsa – ao contrário do utilitarismo e da exaltação do esforço manual por ele preconizados – e que levou os holandeses a desenvolverem no Recife uma das mais fecundas e prósperas experiências de colonização da América. Aos ibéricos, de um modo geral, "uma digna ociosidade sempre pareceu mais excelente, e até mais nobilitante, do que a luta insana pelo pão de cada dia. O que [...] admiram como ideal é uma vida de grande senhor, exclusiva de qualquer esforço manual e de qualquer preocupação [...]. As nações ibéricas colocam-se ainda largamente no ponto de vista da antiguidade clássica [...], em que o ócio importa mais do que o negócio e a atividade produtora é, em si, menos valiosa que a contemplação e o amor".[23]

Para o aventureiro, "o objetivo final [...] assume relevância tão capital que chega a dispensar, por secundários, todos os processos intermediários".[24] Os fins justificam os meios. O trabalhador, "ao contrário, é aquele que enxerga primeiro a dificuldade a vencer, não o triunfo a alcançar. O esforço lento, pouco compensador e persistente, que, no entanto, mede todas as possibilidades de esperdício e sabe tirar o máximo proveito do insignificante".[25] Os meios justificam os fins.

A tentativa holandesa de colonização dos trópicos fracassou pelo fato de não ser a cultura holandesa tão plástica como a dos portugueses, ou seja, o racionalismo, o metodismo e a capacidade de trabalho e coesão social com que implantaram a sua experiência foram os motivos de sua dificuldade de adaptação. Em franco contraste com os portugueses, que, estes sim, "americanizavam-se ou africanizavam-se conforme fosse preciso"[26], por isso obtiveram maior sucesso no processo de exploração da colônia, sobretudo nos aspectos que não demandavam nenhum esforço construtivo, apenas espoliativo.

Projetando essa característica da aventura no longo prazo, não estaria aí a origem de tanta aventura que vemos no Brasil? Em empresários que surgem do nada, tornam-se os mais ricos do país e logo caem em desgraça; em empresas que surgem do nada, se tornam as maiores do país e desaparecem com igual velocidade? Em políticos completamente despreparados que são alçados à condição de salvadores da pátria? Na exigência por esses mesmos políticos do uso do pronome de tratamento "vossa excelência" como uma espécie de título de nobreza e de diferenciação em relação ao cidadão comum? No desejo de enriquecimento rápido, comum a tantos brasileiros, que os leva a dispensar o meio – trabalho – e a frequentemente incorrer em negócios ilícitos? Não estaria na falta de planejamento de obras públicas que recorrentemente ficam inacabadas e redundam em desperdício de recursos do governo? Não estaria presente na ausência de um projeto de nação feito para se desenvolver a longo prazo, e não por meio de soluções instantâneas, como apareceram sempre em nossos fracassados planos econômicos de salvação nacional e em nosso eterno improviso nos âmbitos social e político?

VI
A RESTAURAÇÃO PORTUGUESA

Com a Restauração portuguesa, em 1640, deu-se no Brasil uma crise de representatividade política. Quem mandava? Primeiro foram os portugueses, depois os holandeses, depois os espanhóis, os holandeses novamente e, mais uma vez, os portugueses. Nesse ambiente de constante incerteza, de mudanças drásticas de regras – um dia pode, no outro, não; um dia baixam leis, no outro as revogam–, tudo ao sabor do vento dos interesses do patrão do momento, nunca em benefício do povo, não se podia mesmo edificar nada de duradouro.

A verdade é que, enquanto durou a União Ibérica, o Brasil ficou completamente abandonado – o que foi ótimo, visto que, distante das garras predatórias da metrópole, foi o único momento na história colonial em que o Brasil se conectou com o mundo moderno. Nesse período comercializávamos diretamente com ingleses, holandeses e franceses e auferíamos uma imensa riqueza e opulência desse comércio – o que acabou justamente devido à Restauração portuguesa.

Rompida definitivamente a parceria com a Holanda e dada a situação de liberdade generalizada, sobretudo no Nordeste, a região produtora de açúcar, o Portugal que surge na Restauração é um Portugal extremamente centralizador, para tentar retomar o controle sobre a colônia. Vai, como nunca antes, restaurar a exclusividade comercial – o monopólio – e instaurar um corpo de regras e leis para a maior extração possível de benefícios da colônia, a única que lhe restara depois da União Ibérica e da qual passara a depender quase que exclusivamente.

Vai fazer isso por meio da criação de companhias de comércio: a Companhia Geral do Comércio do Brasil (1649), a Companhia

Geral do Comércio do Maranhão (1678), a Companhia Geral do Comércio do Grão-Pará e Maranhão (1755) e a Companhia Geral do Comércio de Pernambuco e Paraíba (1756). Essas companhias atuaram em regiões produtoras do país que, na época em que Portugal auferia enorme riqueza com a parceria com os holandeses em Pernambuco, ficaram completamente abandonadas, distantes dos olhos da metrópole. Como para Portugal não interessava produzir, apenas arrecadar seu quinhão, a decadência da região produtora de açúcar fez a metrópole avançar sobre essas outras regiões como um lobo faminto.

O Conselho Ultramarino – criado a toque de caixa – tinha como único objetivo centralizar e reforçar o poder da metrópole e do rei de Portugal sobre a colônia. Em consequência dessa política centralizadora, todas as capitanias voltam para o domínio direto da Coroa portuguesa, que então cria um forte sistema de restrições de acesso de estrangeiros ao Brasil, assim como uma série de medidas para aperfeiçoar a exploração comercial da sua colônia.

Não poderia haver nada de mais atrasado em termos comerciais naquele momento do que a retomada do monopólio. Até Adam Smith notou isso no seu *A riqueza das nações*, em que diz: "Algumas nações entregaram todo o comércio de suas colônias a uma companhia exclusiva, da qual elas eram obrigadas a comprar todas as mercadorias europeias de que carecessem, e à qual deviam vender todo o excedente de sua produção. A companhia tinha, pois, interesse não somente em vender as mercadorias europeias o mais caro possível e comprar os produtos coloniais o mais barato possível, mas também em não comprar das colônias, mesmo a esse preço baixo, não mais do que o que tinha condições de vender na Europa a um preço altíssimo [...]. De todos os meios que se possam imaginar para sustar o crescimento natural de uma nova colônia, o mais eficaz é, sem dúvida, o de uma companhia exclusiva."[27] Justamente o que fez Portugal.

E mais adiante Smith afirma:

"Uma vez fundadas essas colônias, e depois de se terem tornado tão consideráveis a ponto de atrair a atenção da mãe-pátria, as primeiras medidas legais que esta adotou em relação a elas tinham sempre em vista assegurar para ela própria o monopólio do comércio colonial; seu objetivo consistia em limitar o mercado das colônias e ampliar o dela, a expensas das colônias e, portanto, mais em refrear e desestimular a prosperidade delas do que em apressá-la e promovê-la."[28]

O monopólio faz a riqueza de uns, enquanto a liberdade comercial faz a riqueza de todos.

Essa retomada do monopólio do comércio com a colônia vai irritar profundamente, no Brasil, comerciantes que estavam acostumados a comercializar, sobretudo, com franceses, ingleses e holandeses. A consequência imediata será uma sucessão de descontentamentos e ao menos uma revolta, a dos irmãos Beckman, comerciantes portugueses, no Maranhão, em 1684; além da Guerra dos Mascates, em 1710 – esses, sim, episódios que, ao contrário do 7 de Setembro e do 15 de Novembro, deveriam ser comemorados no Brasil.

Com essa atitude protecionista e na contramão do espírito do liberalismo, Portugal ergue uma muralha no mar que o isolará do efeito das grandes e auspiciosas mudanças que estavam ocorrendo no mundo europeu. O país vai se manter impenetrável a essa nova dinâmica europeia. Tal atitude, somada a outras – tais como a adesão à Contrarreforma e a negação do humanismo renascentista –, implicava praticamente voltar à Idade Média, arrastando consigo o Brasil para o buraco.

Outro braço da dominação portuguesa no Brasil vai ser a criação de uma enorme rede fiscal de arrecadação que, no fundo, só visava à apropriação de boa parte da renda do povo, dos comerciantes e empresários brasileiros, sendo seu produto totalmente revertido em favor da metrópole – contrariando o objetivo da cobrança de impostos, que é criar e manter na sociedade que os gera um estado de bem-estar social permanente.

Surgem aí duas políticas concretas do governo português em relação ao Brasil: um Estado repressivo e um Estado arrecadador... e mais nada. A contrapartida dessa pressão portuguesa vai ser, claro – pena que em raríssimas oportunidades –, a resistência de comerciantes, sobretudo das províncias do Maranhão e do Grão-Pará, que, por serem produtoras de algodão, eram as que tinham comércio mais ativo, uma vez praticamente esgotada a produção de açúcar em Pernambuco. Foi um processo legítimo de desobediência civil em relação ao monopólio instituído por Portugal, pois essa burguesia comercial local, proibida de comercializar diretamente com holandeses e ingleses, havia passado – com as novas determinações – de contribuinte a vítima da extorsiva política fiscal implantada pela metrópole.

A coisa toda passou a funcionar da seguinte forma: Portugal comprava dos ingleses os produtos manufaturados e vendia no Brasil com um ágio extorsivo e, em contrapartida, a Inglaterra comprava de Portugal os típicos produtos coloniais que antes adquiria diretamente da colônia, num cenário em que ambos ganhavam – menos, é claro, o Brasil.

Outro aspecto da Restauração é que Portugal vai procurar retomar sua parceria com a Holanda. Esse era um aspecto fundamental para Portugal, mas aos holandeses já não interessava uma volta ao passado, pois estavam decididos a sair. Durante as negociações para sua retirada do Brasil, ocorreu um fato *sui generis* que mostra quão dividido e desgovernado era nosso país. Enquanto a Holanda era parceira de Portugal na Restauração, os latifundiários nordestinos entraram em luta contra os holandeses no Brasil para retomar suas terras, que haviam sido desapropriadas devido a dívidas. A saída para que os holandeses se retirassem do Nordeste brasileiro – lembrando que, como vimos, já tinham implantado, na época da União Ibérica, sua principal base de produção de açúcar nas Antilhas – foi uma indenização que Portugal concordou em pagar para manter um bom relacionamento com a Holanda.

Desse modo, a nossa heroica guerra contra os holandeses não passou de um simples acordo financeiro. Quisessem os holandeses – que tinham um dos maiores exércitos do mundo –, teriam aniquilado a resistência em pouco tempo. Em decorrência desse incidente e da auspiciosa notícia da descoberta de ouro nas Minas Gerais, Portugal abandona o Nordeste, transfere a capital para o Rio de Janeiro e se dedica à prospecção do metal. Ao Nordeste só voltarão as novas Companhias de Comércio para, com seu recém-criado monopólio, extorquir os comerciantes locais.

Acordados com Portugal e estando bom para ambas as partes, os holandeses partiram do Recife no navio *Valk* e, depois, no *Saint-Catherine*. Com a indenização de cerca de 4 milhões de cruzados e toneladas de açúcar e de ouro, fundaram uma pequena cidade no estuário de um rio na então inóspita América do Norte. O rio era o Hudson, e a pequena cidade, Nova Amsterdã, ou, como a conhecemos hoje, Nova York.

Comparando a situação da Holanda, a dos Estados Unidos, que ela ajudou a construir, e a do Brasil hoje, não é difícil perceber ou imaginar o que deixamos de ser como nação quando a Holanda desistiu de nós.

Pelo menos a um homem – o padre Antônio Vieira – não passou despercebida essa brutal diferença entre as colonizações portuguesa e holandesa no Brasil e quão auspiciosa poderia ser para o Brasil a permanência dos holandeses. Tanto que tomou para si o encargo, como diplomata e embaixador de Portugal na Holanda, de tentar retomar a qualquer custo as antigas relações entre Portugal e a comunidade sefardita holandesa para que esta voltasse a investir e instalar seus negócios no Brasil. A Vieira estava claro que, ao trabalho de construção de qualquer empreendimento produtivo na colônia, não se dispunha o espírito dos portugueses, que podiam investir no negócio do açúcar deixado formatado pelos holandeses e abrir concorrência com eles no mercado internacional. Ao contrário, contentaram-se em recolher tributos dos parcos produtores que trabalhavam no Brasil.

Em várias ocasiões se ergueu em vão a voz solitária do padre Antônio Vieira contra esse espírito rentista e espoliativo dos portugueses em relação ao Brasil. Em carta enviada ao rei, diz ele:

"Perde-se o Brasil, senhor, porque alguns ministros de Vossa Majestade não vêm cá buscar o nosso bem, vem cá buscar nossos bens [...]. El Rei manda-os tomar Pernambuco e eles contentam-se com o tomar... este tomar o alheio, ou seja o do rei ou o dos povos é a origem da doença, e as várias artes e modos e instrumentos de tomar são os sintomas, que, sendo de sua natureza muito perigosa, a fazem por momentos mais mortal. E senão, pergunto, para que as causas dos sintomas se conheçam melhor: toma nesta terra o ministro da Justiça? Sim, toma. Toma o ministro da Fazenda? Sim, toma. Toma o ministro da Milícia? Sim, toma. Toma o ministro do Estado? Sim, toma. E com tantos sintomas lhe sobrevêm ao pobre enfermo, e todos acometem à cabeça e ao coração, que são as partes mais vitais, e todos são atrativos e contrativos do dinheiro, que é o nervo dos exércitos e das repúblicas, ficam tomado todo o corpo e tolhidos os pés e mãos, sem haver mão esquerda que castigue nem mão direita que premie; e faltando a justiça punitiva para expelir os humores nocivos e a distributiva para alentar e alimentar o sujeito, sangra-o por outra parte os tributos em todas as veias, milagre é que não tenha expirado."[29]

Mas não tinha jeito. A realidade brasileira era o Estado, com sua imensidão sufocante, interferindo na vida e nos negócios das pessoas. E é claro que, toda vez que o Estado se coloca contra os interesses do cidadão, o resultado é a desobediência civil, e no Brasil, nesse período, se não se pode viver pelas vias legais, vive-se pelas ilegais – e uma imensa rede de contrabando e descaminho e práticas para burlar o grotesco conselho são desenvolvidas.

Desse modo, não estaria nas imposições absurdas do Estado brasileiro sobre a vida das pessoas a nossa tradição em não cumprir leis? Não estaria nas exigências excessivas do Estado a nossa tradição em burlar regras? Não estaria no excesso de impostos cobrados pelo Estado a nossa cultura de sonegá-los? E a nossa prática comum de descaminho e de contrabando? Não estaria na oneração descomunal dos produtos pelo Estado o valor absurdo que pagamos por eles? Não estaria no tamanho imenso do Estado brasileiro a origem dos grandes transtornos e dificuldades que se impõem à nossa vida cotidiana? Não seria esse mesmo aspecto o responsável pela imensidão burocrática que trava as iniciativas dos cidadãos e das empresas?

VII
O REINO CADAVEROSO

Portugal espalha pelo Brasil uma rede e um aparato de funcionários públicos suficientes apenas para fiscalizar e cuidar da arrecadação da parte que lhe cabe na exploração da terra. A liberdade de comércio de outrora, que em algumas regiões fazia a riqueza e a opulência dos produtores e comerciantes, é substituída pelo rançoso aparato de controle do monopólio, a tal ponto nocivo na imposição de preços e taxas aos produtores que, de tão adversas as condições, desestimulava a produção para o comércio.

Mas é apenas por causa desse controle do monopólio e da arrecadação de tributos que surge no Brasil o aparato burocrático da metrópole. Só então o Estado se fez presente em muitas regiões que antes sequer havia visitado. Ainda hoje não seria prática comum do Estado brasileiro estar presente em diversas regiões apenas e tão somente por meio da arrecadação de tributos?

O agente principal do governo era o governador – ele próprio um donatário de terras –, que, por sua vez, controlava tudo como se fosse monopólio seu. O governador podia, por exemplo, "criar vilas, nomear ouvidores, dar tabelionatos tanto de notas como judiciais".[30] Tanto poder e tanta autoridade lhe conferem uma espécie de título de nobreza entre os colonos e, assim, ele se torna o embrião, a gênese e a origem do grande senhor patriarcal. Com o tempo, para esse governador, transmutado em nobre e com imenso poder político, governar os seus agregados vai se tornar pequeno. Há, portanto, no Brasil desde os tempos da colônia, e perdura até os dias de hoje, "um trânsito entre os estados, em estratificação ascendente: da riqueza à aristocracia e da aristocracia ao poder político".³¹ Até hoje é assim que surgem os políticos e que se faz política no Brasil: é o poder econômico que determina o poder político. Ambos os poderes – econômico e político – criam um tipo *sui generis* de sociedade extremamente personalista em que prevalecem as relações de compadrio, de favor, de dependência. A força das regras, das leis e das normas que regem o convívio social e têm como princípio tornar todos iguais se afrouxa ou se aperta de acordo com o nível de relação que se tem com os poderosos. Esse quadro favorece o fortalecimento de uma lógica, de um costume, de um hábito tipicamente brasileiros: para os amigos, tudo; para os inimigos, a força da lei.

Distante do rei é possível imaginar as relações que se davam entre os funcionários públicos, os empresários e o povo. Todo esse arcabouço de funcionários, diga-se de passagem, era o mesmo que, até bem pouco tempo, havia servido à Espanha. Os casos mais emblemáticos são os do governador do Rio de Janeiro, Salvador Correia de Sá, que aderiu imediatamente à aclamação de D. João IV para, claro, manter seu posto, e o do governador-geral do Brasil, marquês de Montalvão, que, tendo até então servido à Espanha, teria dito sem cerimônias no instante que soube da Restauração portuguesa: "Rei morto, rei posto. Viva o rei!"

Isolados pela precária comunicação entre o reino e a colônia e vivendo num mundo organizado de acordo com suas conveniências pessoais, esses funcionários pensavam mais em si mesmos do que na Coroa portuguesa. Desse modo, eram muito comuns – e, diria mesmo, até inevitáveis – os casos de abuso de autoridade e de corrupção. Desenvolvemos no Brasil colônia um tipo de funcionário público – pensando aqui nos dirigentes, contratadores, provedores, governadores, capitães – que se especializou em governar para si mesmo, em um sistema patrimonial, em detrimento de um funcionário público meramente burocrático que atua para o Estado, para o povo. De 1500 até 1808, quando a Corte portuguesa vem para o Brasil, o país fica, teoricamente, nas mãos dessa espécie de agência reguladora do rei de Portugal, que tinha funções administrativas – cuidava da distribuição de terras, de cargos, de fundação de vilas, da justiça etc. – e funções financeiras, ou seja, fazia a arrecadação do quinhão do rei.

Tanto poder nas mãos dos contratadores só é possível porque, a partir da Restauração, o exercício de qualquer forma de comércio no Brasil foi proibido e devia prender-se exclusivamente "a um contrato público [...] sempre sob o braço cobiçoso da administração pública".[32] Tudo isso com o intuito única e exclusivamente arrecadador e de vigilância. Para qualquer iniciativa empreendedora, produtiva, necessitava-se do protocolo do cartório, da anuência do Estado, do carimbo e da assinatura das autoridades. Assim, "dos documentos sai uma organização emperrada, com papéis que circulam de mesa em mesa, hierarquicamente, para o controle de desconfianças recíprocas. Sete pessoas querem incorporar uma sociedade? O governo lhe dará autorização. Quer alguém fabricar agulhas? O governo intervirá com a permissão ou o privilégio. O fazendeiro quer exportar ou tomar empréstimo? Entre o ato e a proposta se interporá um atoleiro de licenças".[33] Não serviria esse universo embaraçoso que os portugueses implantaram no Brasil justamente para dificultar tudo – prolongado no espaço e no tempo – a raiz de toda a nossa corrupção?

O incansável padre Antônio Vieira mais uma vez vai se opor às imposições abusivas de Portugal, que, na ânsia de tudo controlar, inviabilizava toda e qualquer iniciativa individual. Em carta ao rei, lamentava-se ele que no Brasil:

"... desfazia-se o povo em tributos, em imposições e mais imposições, em donativos e mais donativos, em esmolas e mais esmolas e no cabo nada aproveitava, nada luzia, nada aparecia. Por quê? Porque o dinheiro não passava das mãos por onde passava. Muito deu em seu tempo Pernambuco; muito deu e dá hoje a Bahia, e nada se logra; porque o que se tira do Brasil, tira-se do Brasil; o Brasil o dá, Portugal o leva [...]. Aparece uma nuvem no meio daquela Bahia, lança uma manga no mar, vai sorvendo por oculto segredo da natureza grande quantidade de água, e depois que o está bem carregada, dá-lhe o vento, e vai chover daqui a trinta, daqui a cinquenta léguas. Pois, nuvem ingrata, nuvem injusta, se na Bahia tomaste essa água, se na Bahia te encheste, por que não choves também na Bahia? Se tiraste de nós, por que a não despendes conosco? Se a roubaste a nossos mares, por que a não restituis a nossos campos?

Tais como isto são muitas vezes os ministros que vêm ao Brasil. Partem de Portugal estas nuvens, e em chegando a esta Bahia, não fazem mais que chupar, adquirir, ajuntar, encher-se (por meios ocultos, mas sabidos) e ao cabo de três ou quatro anos, em vez de fertilizarem a nossa terra com a água que era nossa, abrem as asas ao vento e vão chover a Lisboa, esperdiçar a Madri. Por isso nada lhe luz ao Brasil, por mais que dê, nada lhe monta e nada lhe aproveita, por mais que faça, por mais que se desfaça. E o mal mais pra sentir de todos é que a água que por lá chovem e esperdiçam as nuvens não é tirada da abundância do mar, como noutro tempo, senão das lágrimas do miserável e dos suores do pobre, que não sei como atura já tanto a constância e fidelidade destes vassalos".[34]

O padre Antônio Vieira se exasperava com esse retrógrado expediente português que, na contramão do mundo, implantava no Brasil um forte sistema de monopólios e privilégios típicos de um capitalismo orientado pelo Estado, que era o que havia de mais ultrapassado num mundo onde já vicejava um capitalismo de mercado.

Praticamente todos os grandes teóricos da economia repudiaram tais práticas que condenavam as colônias ao atraso. Criticaram não só a política mercantil, mas os monopólios e os tratados comerciais restritivos que visavam dificultar o livre comércio. A condenação do trabalho escravo era unanimidade. Segundo um deles, Jean-Baptiste Say, "as verdadeiras colônias de um povo comerciante são os povos independentes de todas as partes do mundo [...]. Qualquer povo comerciante deveria desejar que todos fossem independentes, porque todos se tornariam mais industriosos e ricos e, quanto mais numerosos e produtivos, tanto maiores ocasiões e facilidades se apresentariam para o comércio".[35]

É nesse contexto do século XVII, sobretudo da atitude de Portugal e Espanha em relação às suas colônias, que John Locke escreveu seus tratados sobre o governo, em que criticava profundamente o direito divino dos reis defendido por Bossuet no seu *Discours sur l'Histoire Universelle*, de 1681, e reivindicava que a soberania não residia no Estado, mas no povo.

Porém os portugueses não estavam nem aí para o padre Antônio Vieira e para as críticas da filosofia política, mesmo porque estas, na prática, redundaram num processo acelerado de diluição dos Estados absolutistas na Europa. Mas essa foi um tipo de passagem que Portugal não fez: seguiu insistindo no poder absoluto do Estado, no dirigismo. Por isso, desde a retomada do poder em 1640 – com a Restauração –, cria-se uma incompatibilidade entre o espírito português e o espírito europeu de uma maneira geral, relegando Portugal e, consequentemente, o Brasil a uma situação periférica no sistema do capitalismo internacional.

O absolutismo português vai resistir bravamente em meio às mudanças profundas que acontecem a seu redor, como um cadáver insepulto, quando esse tipo de Estado sufocante já não existia mais, tendo sido substituído pela liberdade individual. Portugal e Brasil vão permanecer em completo descompasso com as novas práticas do comércio mundial pelo menos até 1808. Quase 300 anos de atraso fizeram de nós uma espécie de Aquiles da alegoria da corrida com a tartaruga: por mais que corramos, jamais vamos alcançá-la.

Não seria esse capitalismo politicamente orientado, esse capitalismo de Estado patrimonialista, estamental e personalista que, conduzindo os rumos da economia ao longo de nossa história, nos condenou ao atraso e nos levou a sucessivas crises econômicas? Será esse Estado patrimonialista o grande empecilho para que o povo se encontre definitivamente com o estado de bem-estar social? Será esse capitalismo de Estado centralizador o grande responsável pelos infindáveis e reincidentes casos de corrupção?

VIII
O SERMÃO DO BOM LADRÃO

Ao longo de todo o período colonial vai ser assim: o Estado direcionando a economia de acordo com os interesses do rei, da metrópole, e sufocando qualquer tipo de indústria, de comércio e de iniciativa produtiva que não seja em benefício dos interesses do rei. Desse modo:

"... o aparelhamento de sucção do Estado, montado sobre o sistema colonial de controle das exportações e do comércio, além de orientar a ordem social das classes, gerou consequências permanentes de dependência. A exportação comandada pela metrópole, com interferência mínima do mercado interno, onde a própria agricultura de subsistência não se expandiu, gera, no reino, uma camada opulenta – de comerciantes e fidalgos burocratizados – que se vincula, por um processo de prolongamento passivo, à colônia. Camada, em ambos os lados do Atlântico, tênue e restrita, selecionada e superior, em contraste com a miséria circundante. Morta a produção nativa – ferida pela concorrência internacional ou esgotados os veios minerais –, desaparece a faixa opulenta, castigada pelo luxo e pelas dívidas, e, na paisagem, ficam apenas a pobreza, a esterilidade, o solo calcinado, o deserto".[36]

Contra essa triste realidade brasileira, levanta-se, mais uma vez, a voz solitária do padre Antônio Vieira, que, no início do ano de 1655, proferiu um sermão avassalador na Igreja da Misericórdia de Lisboa perante D. João IV e sua corte formada por juízes, ministros e conselheiros.

Disse o padre:

"Nem os reis podem ir ao Paraíso sem levar consigo os ladrões, nem os ladrões podem ir ao inferno sem levar consigo os reis [...]. Em vez de os reis levarem consigo os ladrões ao Paraíso, os ladrões são os que levam consigo os reis ao inferno [...]. Hoje o assunto, que deve ser muito antigo e mui frequente, o qual eu prosseguirei tanto com maior esperança de produzir algum fruto, quando vejo enobrecido o auditório presente com a autoridade de tantos ministros de todos os maiores tribunais, sobre cujo conselho e consciência se costumam descarregar as dos reis [...]. Se os príncipes tiram dos súditos o que segundo justiça lhes é devido para conservação do bem comum, ainda que o executem com violência, não é rapina ou roubo. Porém, se os príncipes tomarem por violência o que se lhes não deve, é rapina e latrocínio. Donde se segue que estão obrigados à restituição, como os ladrões, e que pecam tanto mais gravemente que os mesmos ladrões, quanto é mais perigoso e mais comum o dano com que ofendem a justiça pública, de que eles estão postos por defensores [...]. Os seus príncipes, em vez de guardarem os povos como pastores, os roubam como lobos [...]. Os ladrões que mais própria e dignamente merecem este título são aqueles a quem os reis encomendam os exércitos e legiões, ou o governo das províncias ou a administração das cidades os quais já com manha, já com força, roubam e despojam os povos [...] os outros ladrões roubam um homem: estes roubam cidades e reinos; os outros furtam debaixo do seu risco: estes sem temor nem perigo; os outros, se furtam, são enforcados, estes furtam e enforcam [...]. Por mar padecem os moradores das conquistas da pirataria dos corsários estrangeiros, que é contingente; na terra suportam a dos naturais, que é certa e infalível [...]. E se alguém duvida qual seja maior, note a diferença de uns a outros. O pirata do mar não rouba aos da sua república; os da terra roubam os vassalos do mesmo rei, em cujas mãos juraram homenagem; do corsário do mar posso me defender; aos da terra não posso resistir; do corsário do mar posso fugir; dos da terra não me posso esconder; o corsário do mar depende dos ventos; os da terra sempre têm por si a monção [...]. Navegava Alexandre em uma poderosa armada pelo mar Eritreu a conquistar a Índia. E como fosse trazido à sua presença um pirata que por ali andava roubando os pescadores, repreendeu-o muito Alexandre de andar em tão mau ofício. Porém, ele, que não era medroso nem lerdo, respondeu assim: Basta, senhor, que eu, porque roubo em uma barca, sou ladrão, e vós, porque roubais em uma armada, sois imperador? Assim é: O roubar pouco é culpa, o roubar muito é grandeza. O roubar com pouco poder faz os piratas, o roubar com muito, os Alexandres."[37]

Ninguém compreendeu melhor o que ocorria no Brasil colonial do que o padre Antônio Vieira. Esse dia em que ele saiu ferozmente em defesa do país, sim, deveria ser considerado feriado nacional no Brasil.

Em 1º de outubro de 1665, por este discurso, o padre Antônio Vieira foi encarcerado pela Inquisição. Sua sentença determinava que deveria ser "privado para sempre de voz ativa e passiva e do poder de pregar, recluso no Colégio ou Casa de sua religião, de onde não sairia sem termo assinado pelo Santo Ofício, a assinar um termo onde se obrigava a não tratar mais das proposições de que foi arguido, nem por palavra nem por escrito e pagamento das custas".[38]

Como se pode ver, eram imensas, quase intransponíveis, as barreiras que Portugal ergueu entre suas práticas medievais e o mundo moderno. É lamentável que o Brasil, seguidor e vítima direta das prerrogativas portuguesas, tenha ficado parado na estação vendo o último trem a caminho da modernidade desaparecer no horizonte.

Sabia-se lá quando – e se – viria outro.

IX

AQUELE MALDITO ALVARÁ

O monopólio do comércio que Portugal impôs ao Brasil– considerado obsoleto pela filosofia política e tão bravamente combatido não só pelo padre Antônio Vieira mas por todos aqueles heróis anônimos que se revoltaram e que infelizmente não fazem parte da história do Brasil – e que já caíra havia tempos em desuso foi só o início da catástrofe. A gota d'água, o tiro de misericórdia que nos desconectaria completa e definitivamente do mundo moderno, nos alijaria do comércio internacional e nos condenaria ao atraso e cujas consequências nos atingem até os dias de hoje foi o alvará de 1785 proibindo todo e qualquer tipo de indústria no Brasil.

Esse ato foi, sem dúvida, nossa pena de morte. Toda vez que olharmos para nossa incipiente produção industrial, para nosso PIB sustentado fortemente pela exportação de commodities, é desse alvará que devemos lembrar.

Vejamos por quê.

A primeira questão é: por que a Revolução Industrial começou na Inglaterra, e não em outros lugares? Porque o diferencial da Inglaterra em ter sido pioneira na Revolução Industrial foi justamente uma questão de decisões políticas acertadas, quais sejam: enfrentar e abrir concorrência com os tecidos da China por meio da sobretaxação dos importados, visando à defesa e ao incentivo do consumo do produto nacional.

Segundo Eric Hobsbawm, "quem fala da Revolução Industrial fala do algodão". Entre 1780 e 1830, a manufatura do algodão foi o motor da primeira fase da industrialização na Inglaterra. Ainda segundo o autor, "a partir de 1660, os governos britânicos estavam firmemente comprometidos com políticas que favoreciam a busca do lucro acima de todos os outros objetivos".³⁹ Uma dessas políticas foi a de proibir a importação de algodão da Índia em favor dos produtores nacionais. No começo do século XVII, a Índia era o único fornecedor de algodão para a Europa. Veja só a oportunidade de negócio e o desafio que a Inglaterra resolveu enfrentar.

O início da Revolução Industrial na Inglaterra se deu quando pequenas manufaturas decidiram produzir tecidos para concorrer com os chineses. O espantoso é que, nessa primeira Revolução Industrial, o Brasil atendia a dois dos principais requisitos para desenvolver também a sua indústria. Primeiro, certo conhecimento técnico no manuseio do algodão e na produção de tecidos – existiam no Brasil pequenos ofícios que sofriam preconceito por causa do peso da grande lavoura exportadora – e, segundo, tínhamos uma larga produção de algodão. Nada impedia que tivéssemos desenvolvido processos que, se não iguais aos ingleses, que tinham obviamente mais poder econômico e técnico, permitiriam pelo menos abrir alguma concorrência que, a longo prazo, certamente desembocaria num processo de industrialização do país.

A familiaridade que havia no Brasil com o trato do algodão pode ser confirmada em uma carta do padre Manuel da Nóbrega de 1549 em que ele pedia que viessem para São Paulo tecelões que soubessem lidar com tear artesanal e soubessem tecer algodão, que ali havia "muito". Havia um intenso trabalho de redes e redeiros em São Paulo já no século XVI.⁴⁰ Existiam, portanto, no Brasil as mesmas condições fundamentais para implementar os processos industriais baratos e simples desenvolvidos na Inglaterra no século XVII que deram origem à primeira Revolução Industrial. Havia, assim, toda uma expertise no trato com o algodão, desde o cultivo, passando pelo descaroçamento e a fiação, até a tecelagem, que os portugueses simplesmente desprezaram.

O algodão é, no século XVII, o que as especiarias foram no século XV e o açúcar, no século XVI. O Brasil foi certamente, em determinados períodos, o maior produtor mundial tanto de açúcar como de algodão, porém pouco auferiu com eles em riqueza, pela incapacidade de transformá-los, de processá-los, ainda que minimamente, o que já agregaria algum valor. Não estaríamos nós ainda hoje adotando o mesmo expediente – para citar apenas alguns exemplos – com a soja, o café e o minério de ferro? A transferência *in natura* desses produtos não estaria nos impedindo de auferir verdadeira fortuna em valor agregado?

Segundo Hobsbawm:

"... os problemas tecnológicos do começo da Revolução Industrial não exigiam qualquer classe de homens com qualificações científicas especializadas [...] mas familiarizados com dispositivos mecânicos simples. A maioria das novas invenções técnicas e dos estabelecimentos produtivos podia começar economicamente em pequena escala e expandir-se aos poucos, por adições sucessivas. Ou seja, exigiam pouco investimento inicial [...]. O desenvolvimento industrial acha-se dentro das possibilidades de grande número de pequenos empresários e artesãos tradicionais hábeis".[41]

No Brasil tínhamos situações análogas; faltava o espírito progressista para implantar e desenvolver a produção, a indústria e expandir o conhecimento técnico. Assim como havíamos entregado por poucos caraminguás a cana-de-açúcar para os holandeses, entregamos o algodão para os ingleses. Ficamos assistindo – bestializados – ao colossal avanço da riqueza das nações alheias como que tomados pelo espírito primitivo dos índios, que, diante do embarque do pau-brasil no período inicial da colonização, ficavam se perguntando se aquela voragem toda era porque não havia madeira na Europa. Não sabiam de nada, os inocentes – como, ao que parece, não sabemos ainda hoje.

A independência dos Estados Unidos vai – para nossa desgraça – ser decisiva nas relações entre Brasil e Inglaterra, justamente por causa do algodão que era produzido no Brasil. Com o fim da colonização inglesa nos Estados Unidos, é ao Brasil que a Inglaterra vai recorrer para garantir a oferta de algodão. "Entre os anos de 1812 e 1821, o Maranhão exportou quase toda a sua produção para a Inglaterra. Foram 50.108 sacas, por exemplo, em 1813, quase 90% da produção anual."[42]

O Brasil se torna um dos grandes fornecedores da matéria-prima que vai abastecer a Revolução Industrial inglesa – só isso. Desse modo, a manutenção do Brasil como exportador de matéria-prima era fundamental para a Inglaterra; pode-se dizer, sem exagero, até mesmo condição para o bom andamento da Revolução Industrial inglesa. Por essa razão foi que, em muitas ocasiões, a Inglaterra encaminhou ao embaixador português em Londres, Martinho de Melo e Castro, reclamações sobre os descaminhos, contrabandos e, o mais grave, o funcionamento de fábricas clandestinas de tecidos no Brasil, que estavam atravessando os negócios dos ingleses.

Diz uma dessas petições:

"A sua majestade foi presente que na maior parte das capitanias se tem estabelecido e vão cada vez mais se propagando diferentes fábricas e manufaturas não só de tecidos de várias qualidades, mas também de ouro e prata e também informações constantes e certas dos excessivos contrabandos e descaminhos [...]. Os efeitos dessas perniciosas transgressões se tem já feito sentir nas alfândegas deste reino, nas quais, tendo diminuído os despachos e rendimentos das fazendas e gêneros do uso e consumo dos habitantes, demonstrativamente se conhece uma diminuição sucessiva [...]. Ultimamente não só nas principais vilas e cidades dos portos mas também no interior do Brasil – em Minas Gerais – é constante o estabelecimento das mencionadas fábricas, como se tem comprovado na real presença por muitas e diversas amostras de tecido remetidas a esta secretaria de Estado [...]. As províncias unidas americanas, que, de uma nação sujeita, passaram a uma potência livre e soberana [...] infestam os portos e costas do Brasil [...]. Os holandeses já de muitos anos fazem um frequente e não interrompido comércio de contrabando nos portos do Brasil [...]. Até agora se promoviam e praticavam esses debaixo de algumas cautelas, presentemente, porém, tem chegado a relaxação a tal extremo que já na bolsa de Londres se fazem seguros dos navios ingleses com determinados destinos para o Brasil."[43]

Em 1784, uma Inglaterra enfurecida convoca o mesmo diplomata português no intuito de renegociar o comércio com o Brasil. Para amedrontar Portugal, os ingleses revelam ao embaixador uma série de informações a fim de causar intrigas e de denunciar as manufaturas no Brasil, exigindo que Portugal tomasse providências.

Em comunicado à rainha de Portugal, o embaixador esclarece que:

"... são dignos da mais circunspecta reflexão os termos com que se explica o cônsul inglês porque não só assevera que doze navios ingleses, o menor de quinhentas a seiscentas toneladas, com artilharia proporcionada e quarenta a cinquenta homens de equipagem, vão anualmente carregados de manufaturas britânicas para o Brasil, mas que os homens de negócio brasileiros, remetendo os seus açúcares aos seus correspondentes a Lisboa, lhes ordenam de não lhes mandarem daqui em retorno fazendas da Europa e só sim moeda corrente, não só por se acharem os seus armazéns abundantemente providos delas, mas por terem meios de haver as ditas fazendas por outras vias a preços mais cômodos que aquelas com que elas lhes vão carregadas de Portugal [...]. Deve informar-se de todas e cada uma das referidas fábricas e manufaturas que se acham estabelecidas para que sejam abolidas e extintas [...] nesta inteligência ordena Sua Majestade que, tomando esse negócio como um dos mais importantes aos interesses da Coroa, mande dar todas as providências que forem necessárias para ocorrer a um mal não só pernicioso pelos grandes prejuízos que já está causando, mas perniciosíssimo pelas fatais consequências dele".[44]

Astuciosa, a Inglaterra agia com Portugal de duas maneiras: de um lado, ignorava o monopólio português – aliás, ninguém respeitava o arcaico sistema português de monopólios – e negociava diretamente com o Brasil, o que lhe era extremamente conveniente e rendia grandes lucros; e, de outro, denunciava para Portugal as manufaturas que se instalavam no Brasil, o que também lhe era extremamente conveniente, pois matava no ninho qualquer tentativa ou indício de abertura de concorrência.

Em 1785, com medo das ameaças da Inglaterra e em troca de favores, a rainha Maria I de Portugal determina o fechamento de todas as fábricas e manufaturas no Brasil. No alvará emitido pela rainha pode-se ler:

"Eu, a rainha, faço saber aos que este alvará virem: que, sendo-me presente o grande número de fábricas e manufaturas, que de alguns anos a esta parte se tem difundido em diferentes capitanias do Brasil, com grave prejuízo da cultura, e da lavoura, e da exploração das terras minerais daquele vasto continente; porque havendo nele uma grande e conhecida falta de população, é evidente que quanto mais se multiplicar o número dos fabricantes, mais diminuirá o dos cultivadores; e menos braços haverá que se possam empregar no descobrimento e rompimento de uma grande parte daqueles extensos domínios, que ainda se acha inculta e desconhecida: nem as sesmarias, que formam outra considerável parte dos mesmos domínios, poderão prosperar, nem florescer por falta do benefício da cultura, não obstante ser esta a essencialíssima condição com que foram dadas aos proprietários delas. E até nas mesmas terras minerais ficará cessando de todo, como já tem consideravelmente diminuído, a extração do ouro e diamantes, tudo procedido da falta de braços que, devendo empregar-se nestes úteis e vantajosos trabalhos, ao contrário os deixam e abandonam, ocupando-se em outros totalmente diferentes, como são os das referidas fábricas e manufaturas: e consistindo a verdadeira e sólida riqueza nos frutos e produções da terra, as quais somente se conseguem por meio de colonos e cultivadores, e não de artistas e fabricantes: e sendo além disto as produções do Brasil as que fazem todo o fundo, e base, não só das permutações mercantis, mas da navegação, e do comércio entre os meus leais vassalos habitantes destes reinos e daqueles domínios que devo animar, e sustentar em comum benefício de uns e outros, removendo na sua origem os obstáculos, que lhes são prejudiciais e nocivos: em consideração de tudo o referido: hei por bem ordenar que todas as fábricas, manufaturas, ou teares de galões, de tecidos ou de bordados de ouro e prata. De veludos, brilhantes, cetins, tafetás ou de outra qualquer qualidade de seda: de belbutes, chitas, bombazinas, fustões ou de outra qualquer qualidade de fazenda de algodão ou de linho, branca ou de cores: e de panos, baetas, droguetes, saietas ou de outra qualquer qualidade de tecidos de lã; ou dos ditos tecidos sejam fabricados de um só dos referidos gêneros, ou misturados, tecidos uns com os outros; excetuando tão somente aqueles dos ditos teares e manufaturas em que se tecem ou manufaturam fazendas grossas de algodão, que servem para o uso e vestuário dos negros, para enfardar, e empacotar fazendas, e para outros ministérios semelhantes; todas as mais sejam extintas, e abolidas em qualquer parte onde se acharem nos meus domínios do Brasil, debaixo da pena do perdimento, em tresdobro, do valor de cada uma das ditas manufaturas ou teares e das fazendas que nelas ou neles houver e que se acharem existentes dois meses depois da publicação deste; repartindo-se a dita condenação metade a favor do denunciante, se o houver, e a outra metade pelos oficiais que fizerem a diligência; e não havendo denunciante, tudo pertencerá aos mesmos oficiais. Pelo que mando ao presidente e conselheiros do Conselho Ultramarino; presidente do meu Real Erário; vice-rei do Estado do Brasil; governadores e capitães generais, e mais governadores e oficiais militares do mesmo Estado; ministros das Relações do Rio de Janeiro e Bahia; ouvidores, provedores e outros ministros, oficiais de justiça e fazenda, e mais pessoas do referido Estado, cumpram e guardem, façam inteiramente cumprir e guardar este meu alvará como nele se contém, sem embargo de quaisquer leis ou disposições em contrário, as quais hei por derrogadas, para este efeito somente, ficando aliás sempre em seu vigor.

Dado no Palácio de Nossa Senhora da Ajuda, em cinco de janeiro de mil setecentos e oitenta e cinco."[45]

Por um lado, o alvará revela a dimensão e o potencial que tinham, mesmo proibidas, as fábricas e manufaturas no Brasil. Para a Inglaterra ter se incomodado, era porque, de fato, a produção do Brasil significava – naquele momento inicial da Revolução Industrial – uma importante concorrência. Por outro lado, a conclusão da rainha de que "quanto mais se multiplicar o número dos fabricantes, mais diminuirá o de cultivadores" é a condenação do país a continuar com uma economia primário-exportadora.

Pelo menos uma grande revolta eclodiu em função dessa gana do Estado português sobre o Brasil: a Inconfidência Mineira, que a rainha Maria I tratou logo de debelar. Mandou prender e julgar sumariamente todos aqueles que pensaram em fazer uma Revolução Francesa no seu playground. Enforcou, esquartejou e expôs tudo nas redes sociais da época – as praças e logradouros públicos – para deixar claro e inconteste que quem mandava no Brasil era... a Inglaterra.

Quando tínhamos nós, portanto, todas as condições para nos conectarmos com a Revolução Industrial, inclusive abrindo concorrência com a poderosa Inglaterra, eis que vem o alvará de D. Maria I proibindo indústrias no Brasil. Desse modo, nós perdemos, mais uma vez, o bonde da história e continuamos uma economia primário-exportadora, produzindo matéria-prima e contribuindo para que a Inglaterra se convertesse no império que conhecemos.

Não estaríamos nós – por desavisados que somos – respeitando até hoje os ditames desse alvará?

Se perdemos essa primeira Revolução Industrial, que foi visivelmente arcaica e era, portanto, a que podíamos ter acompanhado, por arcaicos que éramos, a segunda Revolução Industrial, no século XIX, já não seria possível para nós. Nessa segunda etapa já entrava uma questão de conhecimento científico – a química orgânica e inorgânica, a física, o eletromagnetismo – e era preciso haver laboratórios que desenvolvessem o processamento de matérias-primas naturais como o petróleo e a borracha, ou seja, a indústria de transformação, de maquinários etc. Estávamos há anos-luz dessa realidade europeia e, sobretudo, inglesa, pois nem universidades tínhamos. Nem sequer aparecíamos no retrovisor, pois para essa produção em massa da segunda Revolução Industrial eram necessários opulentos mercados consumidores, ou seja, uma massa de trabalhadores com rendimentos e salários, e nós éramos uma sociedade escravista.

A condição para que contássemos minimamente com uma chance nessa segunda fase da Revolução Industrial era que tivéssemos igualmente sido bem-sucedidos na primeira fase. Perdemos o grande bonde da história por um capricho da rainha de Portugal e daquele maldito alvará.

Se no início da colonização, como vimos, perdemos a oportunidade de nos tornarmos uma Holanda, no final do século XVIII e início do século XIX as perdas foram ainda mais graves e absurdas. Perdemos nada mais nada menos que a real oportunidade de ser uma Inglaterra. Por essa e por outras é que a rainha de Portugal Maria I, não por acaso, recebeu a alcunha de "a Louca".

X
O DIA EM QUE NAPOLEÃO DEU UMA FORÇA AO BRASIL

No início do século XIX, as guerras napoleônicas convulsionaram a Europa e, em 1808, as tropas de Napoleão invadiram a Espanha. Era o motivo que faltava para a independência das colônias espanholas na América. O caso do Brasil, claro, seguirá outro rumo. A movimentação de forças poderosas que envolviam interesses gigantescos – por exemplo, todo o império inglês – vai colocar o Brasil no olho do furacão. A independência dos Estados Unidos, em 1776, já havia significado perdas enormes para a Inglaterra e agora era Napoleão que rondava como uma raposa faminta o galinheiro onde descansava a prolífica galinha dos ovos de ouro inglesa. Havia tempos que a Revolução Industrial pusera em cheque o pacto colonial entre Brasil e Portugal, e a situação de beligerância em que vivia a Europa colocava como imperativo a superação e destruição desse pacto.

A verdade é que o pacto entre Portugal e Brasil era extremamente frágil, pois "puramente parasitário, o reino, não se tendo desenvolvido industrialmente, situava-se como simples intermediário entre a colônia e os grandes centros internacionais de produção industrial".[46] Vimos que a própria Inglaterra respeitava muito pouco o pacto colonial; quanto a Portugal, parecia que gostava de ser tratado como bobo, fazendo vista grossa às traições cotidianas que sofria dos próprios aliados.

A independência das colônias espanholas já havia roído o sistema colonial e, dada a realidade crua de que Portugal "operava unicamente em benefício próprio com sérios prejuízos para a colônia",[47] ficaria fácil para a Inglaterra, caso quisesse, articular a independência do Brasil em detrimento de Portugal. Mas, como Napoleão estava à porta, era mais vantajoso para a Inglaterra, naquele momento, tendo que tomar decisões de forma emergencial, transplantar a decadente monarquia portuguesa para o Brasil.

Pragmáticos, os ingleses sempre souberam transformar em lucro tudo o que lhes caísse nas mãos. O translado e a escolta da família real portuguesa ao Brasil foi uma dessas atitudes pragmáticas e lucrativas. O primeiro ato do regente D. João no Brasil foi a abertura dos portos, e isso significou, na prática, o fim do pacto colonial que havia sido imposto ao Brasil e que vigorava – como vimos – desde 1640, com a Restauração. Mas, ao mandar invadir Portugal, Napoleão desencadeou uma sequência de acontecimentos secundários que redundaria, inevitavelmente, na independência do Brasil.

Para a Inglaterra, o significado dessa ruptura seria profundo, pois auferiria lucros de todos os lados. Eliminada a atravessadora e parasitária burguesia comercial portuguesa, a Inglaterra não só compraria direto do Brasil as matérias-primas de que necessitava (sobretudo algodão) a preços reduzidíssimos em relação aos praticados em Lisboa como também venderia diretamente seus produtos ao Brasil com lucros igualmente elevadíssimos. Veja só o que é ter um bom planejamento estratégico. Em relação a Portugal, o que compensava mais para a Inglaterra? Ajudar esse país a enfrentar as tropas de Napoleão ou transplantar a monarquia portuguesa para o Brasil? A segunda opção eliminava dois problemas: primeiro, evitava o enfrentamento com Napoleão e, segundo, livrava a Inglaterra dos atravessadores de Lisboa.

Por essa expertise em matéria de geopolítica internacional, nas quatro décadas seguintes os ingleses deram as cartas no Brasil. A monarquia portuguesa, acovardada, acuada e medrosa, ficou por aqui fingindo que mandava. Era, no fundo, apenas uma alegoria, um boneco de ventríloquo, cujo corpo era português, mas que falava o idioma inglês.

Com o Tratado de 1810, a taxa de importação, de 24% para todas as nações, Portugal incluído, passa a ser de apenas 15% para a Inglaterra – o que, na realidade, significava praticamente a concessão de um monopólio aos ingleses e o fim do exclusivismo comercial para os portugueses. Com isso, os ingleses passam a negociar livremente nos portos do Brasil, com fortes desvantagens para os comerciantes de algodão brasileiros e lusos estabelecidos nas províncias, sobretudo a do Maranhão, o grande produtor.[48]

O fim da exclusividade comercial decretado pelo futuro D. João VI assim que pisou no Brasil, uma exigência da Inglaterra, vai ser importante para dar fim ao sistema colonial. Como o Brasil não produzia nada além de commodities, o mercado interno seria entregue de bandeja aos ingleses, que invadem o Brasil, e praticamente 100% do comércio no Rio de Janeiro vai ser de propriedade deles. A burguesia brasileira era aquela vinculada ao campo e que vai se encantar por um momento com a vida da Corte, com os benefícios, os brasões, os títulos honoríficos.

De 1808 até 1822, a sociedade brasileira ficará convulsionada. Três forças se digladiavam: os portugueses de Portugal, os comerciantes brasileiros e portugueses do Brasil e os escravocratas.

Com o fim das guerras napoleônicas, Portugal vai exigir a volta do rei e a retomada do padrão antigo, ou seja, o monopólio e o exclusivismo comercial, mas nessa altura o retorno ao modelo antigo já não interessava nem aos comerciantes portugueses no Brasil nem aos ingleses. Daí, e só daí, cresce a ideia de independência.

Com a independência, os comerciantes portugueses estão fora da jogada e a briga fica entre um pensamento conservador – dos escravocratas – e um pensamento liberal – dos comerciantes. Para os liberais, o fim do trabalho escravo e a diversificação da economia eram fundamentais para o país entrar no mínimo em consonância com o capitalismo internacional, já que àquela altura, estava a anos-luz de distância da Inglaterra, por exemplo. A abertura dos portos já havia movimentado a economia; faltava multiplicar o mercado interno. Os conservadores – que bancavam a monarquia – tinham maior margem de manobra e não podiam nem ouvir falar no fim da escravidão.

Mas os comerciantes brasileiros, que eram extremamente liberais quando o objetivo era se livrar do monopólio português – bradavam a favor do livre comércio, contra a reserva de mercado –, tornaram-se conservadores quando, após a independência, passaram a reivindicar para seus negócios a proteção do Estado.

Desse modo, fica claro que não foi por acaso que, quando os portugueses resolveram retomar o pacto colonial, a Inglaterra decidiu patrocinar a independência do Brasil, dando suporte de defesa contra as resistências externas e internas e pagando a indenização a Portugal.

Internamente, a maior resistência em reconhecer a independência do Brasil ocorreu nas províncias do Norte, Maranhão e Grão-Pará, justamente as maiores produtoras de algodão no Brasil. Sem o algodão, o Brasil simplesmente não interessava à Inglaterra. Desse modo, foram os ingleses, liderados por lorde Cochrane, pirata e mercenário, que debelaram a resistência das províncias do Norte, saqueando-as de forma brutal sob o olhar complacente do imperador D. Pedro I.

A independência do Brasil no dia 7 de setembro de 1822 – embora o quadro *Independência ou morte*, de Pedro Américo, retratando o grito do Ipiranga, a queira pintar com cores heroicas – foi uma bela cama de gato armada pelos ingleses. Nada além disso.

XI
O ETERNO ONTEM

Em 1822 a nossa independência, assim como o princípio de nossa colonização, foi fruto apenas de circunstâncias externas para as quais não concorremos em nada, para as quais nenhuma vontade nossa foi levada em consideração. Fomos, antes de tudo, mais vítimas do que beneficiários do processo independentista.

Até aquele ponto, embora seja lamentável, é compreensível que não houvéssemos tido um projeto de nação. Éramos uma colônia de Portugal, e tudo o que perdemos ou deixamos de ser, por puro boicote, foi porque Portugal poderia fazer o que bem quisesse, de acordo com seus interesses e aquilo que lhe rendesse mais lucros, mais dividendos, como fez, ou o que bem lhe aprouvesse. Não devemos falar em Brasil antes da independência em 1822. Até essa data não podíamos esperar mesmo nenhum esforço, nenhuma boa vontade e nenhum empenho de Portugal para o nosso projeto de nação.

Por outro lado, a partir de 1822, quando nos tornamos uma nação de fato, era fundamental que começássemos a projetar o país, a planejar a nação, que esquecêssemos o passado. Havia um país inteiro a se construir, um país rico, um povo formado, uma cultura – era como uma casa nova que você compra depois de uma vida inteira de espera, de trabalho, ou seja, era hora de arrumar do seu jeito, imprimir a sua personalidade, livre das exigências ou limitações impostas pelo senhorio. Não é todo dia que se ganha um país de presente.

A independência poderia ou deveria, por exemplo, ter eliminado de vez toda a herança colonial: a primeira delas, todo aquele fardo nefasto de proibições que vimos resumido no alvará de 1785. Outro aspecto colonial que ficou foi o trabalho escravo, cujo fim era fundamental para nossa inserção – ainda que já tardia, bem tardia – no mundo moderno, com uma economia industrial e um capitalismo liberal.

Mas a escravidão foi justamente a grande divergência que surgiu logo que instituída a Assembleia Nacional Constituinte e Legislativa, convocada pelo imperador em 1823. Contra a escravidão, desde o primeiro momento, se ergueu José Bonifácio, um dos homens mais importantes no processo da independência. Havia passado trinta anos na Europa e sabia como era a sociedade liberal europeia, de modo que escreveu uma representação à Assembleia Constituinte com uma proposta ousada para o país.

O documento, embora precário, pode ser considerado o nosso primeiro projeto de nação. Nele o autor trata da necessidade urgente de superação da escravatura. Diz ele:

"Como Cidadão livre e Deputado da Nação, um dos objetos que me parecem ser, fora a Constituição, de maior interesse para a prosperidade futura deste Império é uma nova Lei sobre o Comércio da escravatura. Este assunto faz o objeto da atual Representação. Nela me proponho mostrar a necessidade de abolir o tráfico de escravos, de melhorar a sorte dos atuais cativos, e de promover a sua progressiva emancipação [...]. É tempo pois, e mais que tempo, que acabemos com um tráfico tão bárbaro e carniceiro; é tempo também que vamos acabando gradualmente até os últimos vestígios da escravidão entre nós [...]. O luxo e a corrupção nasceram entre nós antes da civilização e da indústria; e qual será a causa principal de um fenômeno tão espantoso? A escravidão, Senhores, a escravidão, porque o homem que conta com os jornais de seus escravos vive na indolência, e a indolência traz todos os vícios após si [...]. A sociedade civil tem por base primeira a justiça, por fim principal a felicidade dos homens; mas que justiça tem um homem para roubar a liberdade de outro homem? Mas dirão talvez que se favorecerdes a liberdade dos escravos será atacar a propriedade privada. Não vos iludais, Senhores, a propriedade foi sancionada para bem de todos, e qual é o bem que tira o escravo de perder todos os seus direitos naturais e se tornar de pessoa a coisa, na frase dos Jurisconsultos? Não é pois o direito da propriedade que querem defender, é o direito da força, pois que o homem, não podendo ser coisa, não pode ser objeto de propriedade. Se a lei deve defender a propriedade, muito mais deve defender a liberdade pessoal dos homens, que não pode ser propriedade de ninguém [...]. Este comércio de carne humana é pois um cancro que rói as entranhas do Brasil, comércio, porém, que hoje em dia já não é preciso para aumento da sua agricultura e povoação, uma vez que, por sábios regulamentos, não se consinta a vadiação dos brancos, e outros cidadãos mesclados, e a dos forros; uma vez que os muitos escravos, que já temos, possam, às abas de um Governo justo, propagar livre e naturalmente com as outras classes, acabado o infame comércio de escravatura, cumpre em primeiro lugar favorecer a sua gradual emancipação, e antes que consigamos ver o nosso país livre de todo deste cancro, o que levará tempo, desde já abrandemos o sofrimento dos escravos, favoreçamos e aumentemos todos os seus gozos domésticos e civis [...]. Eis, pois, Legisladores do vasto Império do Brasil, basta de dormir: é tempo de acordar do sono amortecido, em que há séculos jazemos. Vós sabeis, Senhores, que não pode haver indústria segura e verdadeira, nem agricultura florescente e grande com braços de escravos. Mostram a experiência e a razão que a riqueza só reina onde impera a liberdade e a justiça, e não onde mora o cativeiro e a corrupção. Generosos Cidadãos do Brasil, que amais a vossa Pátria, sabei que sem a abolição total do infame tráfico da escravatura Africana, e sem a emancipação sucessiva dos atuais cativos, nunca o Brasil firmará a sua independência nacional, e segurará e defenderá a sua liberal Constituição. Sem liberdade individual não pode haver civilização nem sólida riqueza; não pode haver moralidade e justiça."[49]

Era muito para o Brasil daqueles tempos a ideia de emancipação e de integração dos negros na sociedade brasileira. O que a elite sonhava mesmo era tornar-se nobre e se aproximar o máximo possível da civilização europeia. O ideal era o branqueamento da população, e não a miscigenação, como depois sistematizariam esse pensamento o historiador Varnhagen e as teorias eugenistas do final do século XIX, personificadas no trabalho de Nina Rodrigues. Diante do perigo de se avançar a discussão em torno da emancipação, que colocava em risco a própria monarquia, e mesmo tendo sido apresentada por um dos mais respeitados dos seus colaboradores, o imperador tomou uma atitude drástica: fechou a Assembleia Constituinte e promulgou ele mesmo a constituição, protegendo os interesses daqueles que o protegiam, que eram a base de sua sustentação política: os escravocratas. José Bonifácio foi exilado. Dessa forma o Estado, recém-criado, assumiu a direção de atender exclusivamente aqueles que faziam parte do estamento, protegendo interesses setoriais e corporativos.

A Constituição de 1824 resultou no seguinte quadro, expresso em seu artigo 90: "As nomeações dos Deputados, Senadores para a Assembleia Geral e dos Membros dos Conselhos Gerais das Províncias serão feitas por eleições indiretas." A eleição ocorria em duas etapas: primeiro eram eleitos nos distritos aqueles que podiam votar e, em seguida, estes elegiam os senadores e deputados. O problema é que o artigo 92 definia claramente quem poderia ou não ser eleito para votar: "São excluídos de votar os que não tiverem de renda líquida anual cem mil-réis por bens de raiz, indústria, comércio ou empregos." Só tinha esse nível de renda a elite econômica do país, ficando restrito a esta os quadros tanto dos eleitores como dos elegíveis.

Os senadores ganhavam cargos vitalícios e os deputados eram escolhidos, de acordo com o que ficou definido na constituição do imperador, entre os membros da elite econômica do país, já que o pré-requisito principal era o econômico. Era o atendimento do imperador aos desejos mais profundos daquela velha classe de coronéis e patriarcas ricos que ansiavam por se tornar aristocratas. Não por acaso, foi distribuída, nesse início do Primeiro Reinado, a maior quantidade de títulos honoríficos de toda a história do Brasil. Era, no fundo, a permanência daquele sistema que nasceu no período colonial, em que o poder econômico determinava o poder político.

A pequena fase de desenvolvimento econômico que tivemos a partir de 1808, com a diversificação da economia, foi sufocada em 1822 quando o imperador cedeu ao canto de sereia dos traficantes de escravos e dos escravocratas. A partir daí uma pequena era glacial se iniciou no Brasil e nós... ali, assim como na assinatura do alvará de 1785, fomos irremediavelmente condenados ao atraso mais uma vez. A terceira condenação de muitas que ainda sofreríamos.

A ação retrógrada de D. Pedro I interferiu diretamente na organização do Estado nacional brasileiro, que não foi devidamente encaminhado para se integrar na nova ordem internacional do capitalismo; pelo contrário, procurou apenas proteger e contemporizar com interesses locais, setoriais e corporativos, em detrimento das demandas do povo.

Desse modo, continuamos a repetir nosso velho destino que não tivemos coragem de sepultar, ou seja, reproduzir infinitamente "o sistema básico de um país colonial que, situado marginalmente, gira em órbita estranha, produzindo para exportar e organizado não para atender a necessidades próprias da coletividade que o habita, e sim precipuamente para servir a interesses alheios".[50]

Entramos para a história contemporânea, depois da forcinha dada por Napoleão, e passamos a participar da nova ordem internacional instituída pelo capitalismo industrial, sobretudo o inglês, "na condição, que já era nossa, de uma área periférica e simples apêndice exterior e marginal dos centros nevrálgicos e propulsores da economia internacional".[51]

A covardia do imperador em enfrentar os escravocratas fez com que perdêssemos deliberadamente a oportunidade de nos engajarmos na efervescência do progresso trazido pelo capitalismo industrial e nos tornássemos estéreis "aos impulsos, às iniciativas e aos estímulos econômicos e culturais".[52]

Pode-se dizer, diante da realidade que predominou com a independência, sobretudo depois do massacre das províncias do Norte para atender a uma demanda dos ingleses, que "o soberano e o país eram realidades diversas e separadas".[53]

A Constituição resultou tão patética que seu artigo 179 definia a liberdade e a igualdade dos homens como direitos inalienáveis, ao mesmo tempo que o país mantinha milhares deles em estado de escravidão.

Nela percebe-se que "a comunidade política – o estamento – ocupará o palco iluminado, enquanto a plateia, às escuras, assiste ao espetáculo, sem que possa vaiar os atores principais. Um país constitucional e legal, destilando de suas entranhas todas as teias do poder, representará o outro país, o real, disperso, amorfo, manietado".[54]

E era tão antibrasileiro o governo que assinou em 1825 um tratado com Portugal, mediado pelo embaixador britânico no Brasil, Charles Stuart, que dizia o seguinte:

"ART. I – Sua Majestade Imperial convém, à vista das reclamações apresentadas de Governo a Governo, em dar ao de Portugal a soma de dois milhões de libras esterlinas; ficando com esta soma extintas de ambas as partes todas e quaisquer outras reclamações, assim como todo o direito a indenizações desta natureza.

ART. II – Para o pagamento desta quantia toma Sua Majestade Imperial sobre o Tesouro do Brasil o empréstimo que Portugal tem contraído em Londres no mês de Outubro de mil oitocentos e vinte e três, pagando o restante para perfazer os sobreditos dois milhões de libras esterlinas, no prazo de um ano a quartéis, depois da ratificação e publicação da presente Convenção."[55]

Ou seja, compramos o Brasil.

Antes dessa indenização, D. João VI já havia limpado e dilapidado os cofres do Banco do Brasil, falindo a instituição no momento em que deixou o país, em 1821, com uma retirada em ouro e prata da ordem de 1.315:439$000 (mil trezentos e quinze contos e quatrocentos e trinta e nove mil réis).

Desse modo, o ato fundador da nação, a independência do Brasil, que deveria ser um gesto libertador, foi, antes, como se pode ver, uma grande negociação, uma negociata, uma partilha do poder. Que país é esse que nasce de uma ruptura, de um ato autoritário que é o fechamento de sua Assembleia Constituinte? A independência foi, antes de tudo, um salve-se quem puder, uma briga, um engalfinhamento pelo poder, uma grande farsa. Não houve projeto de nação, mas sim uma disputa acirrada para ver qual dos projetos tomaria o poder; excludentes entre si, o projeto vencedor o faria em detrimento dos outros.

O povo no Brasil é uma ficção cuja vida aparece apenas narrada de forma ideal na constituição, nos capítulos que garantem os Direitos Civis e Políticos dos Cidadãos Brasileiros. A independência foi frustrante porque nasceu com a vocação de "congelar forças obsoletas contra o império das circunstâncias universalizadoras do capitalismo industrial".[56]

O país independente virou as costas para a imensa oportunidade que se lhe oferecia. Ao invés de enfrentar e superar o passado, perpetuou-o, lamentavelmente.

XII
O BARÃO DE MAUÁ E A GÊNESE DA ESPECULAÇÃO FINANCEIRA NO BRASIL

É no Segundo Reinado, a partir da maturidade de D. Pedro II, que se iniciam as relações do Estado brasileiro com banqueiros e empresários. Esses dois negócios estão vinculados ao nome de um homem: Irineu Evangelista de Sousa, o barão de Mauá.

Vejamos como tudo isso se deu.

Nos primeiros vinte anos após a independência, a falta de uma economia pujante, sobretudo por causa da permanência do trabalho escravo, fez com que a intensidade do comércio inglês no Brasil começasse a dar sinais de saturação e esgotamento. Se no início a Inglaterra exigia do Brasil que se restringisse apenas à produção e ao fornecimento de matéria-prima, o algodão – e, nesse caso, o trabalho escravo interessava aos ingleses –, nessa segunda etapa da Revolução Industrial em que a Inglaterra estava em busca de mercado consumidor, o mais interessante para ela era o fim da escravidão, a instituição do trabalho assalariado e a consequente formação de um mercado consumidor de massa. A Inglaterra, claro, depois dos imensos favores prestados, passou a pressionar fortemente o Brasil para que providenciasse o fim da escravidão.

O cerco contra o Brasil se fecha em 8 de agosto de 1845, já no reinado de D. Pedro II, quando a Inglaterra decide, unilateralmente, decretar a Lei Bill Aberdeen. Essa lei proibia o tráfico de escravos no Atlântico Sul e criava a jurisdição para que os navios ingleses abordassem navios suspeitos em mares e portos do Brasil. Porém, no período imediatamente posterior à lei inglesa, o número anual da entrada de escravos no Brasil saltou de 20 mil para 50 mil. Em 1847, foi de 56 mil; em 1848, de 60 mil e, em 1849, o número foi de 54 mil. Ou seja, o tráfico de escravos simplesmente dobrou depois da lei dos ingleses. Isso por um motivo muito simples: o de que, no Brasil, duas classes sociais extremamente poderosas tinham suas fortunas diretamente ligadas aos escravos: os traficantes e os cafeicultores. Nenhuma delas estava disposta a abrir mão de um negócio tão lucrativo.

O problema não era novo, já havia aparecido em 1824, mas naquela ocasião era uma questão interna. Só que naquele momento a coisa ganhava mais dramaticidade, já que era uma demanda dos ingleses e a Inglaterra era a maior consumidora do café produzido no Brasil. O prolongamento desse imbróglio simplesmente não interessava ao Brasil do ponto de vista comercial, já que, em última instância, a Inglaterra poderia substituir as importações brasileiras pela produção de outros países concorrentes, o que seria catastrófico. A questão vai ser resolvida com uma nova lei, baixada em 1850, dessa vez pelo Brasil, a Eusébio de Queirós, que proibia o tráfico de escravos nos portos do Brasil.

Porém não foi tão simples assim, porque os negreiros, fornecedores da mão de obra, e os fazendeiros escravocratas, produtores de café, formavam a elite da sociedade e, consequentemente, da política brasileira. Eles haviam apoiado o Segundo Reinado no período turbulento das Regências, quando o imperador era ainda criança, e, por esse apoio, evidentemente, cobravam caro. Qualquer decisão que ferisse de morte os interesses de ambos os grupos certamente criaria para o imperador e, por extensão, para a monarquia brasileira, um desgaste político enorme – que, em última instância, poderia redundar até numa mudança de regime. Historicamente, no Brasil, o grupo que apoia e mantém um governo no poder dá as cartas no jogo político. Essa é uma regra que não mudou muito até os dias de hoje.

Desse modo, uma decisão como essa, que implicava a movimentação de verdadeiras fortunas, teria de vir acompanhada de contrapartidas consideráveis. A contrapartida aos traficantes foi a criação no Brasil do primeiro banco privado, em 1851, articulada por Irineu Evangelista de Sousa, o futuro barão de Mauá, depois do encerramento das atividades do primeiro Banco do Brasil em 1829. Esse novo banco surgiu para transformar o capital que antes era empregado no tráfico de escravos em crédito para ser emprestado no mercado. Os traficantes foram elevados subitamente à categoria de rentistas. Com o fim do tráfico negreiro, o montante financeiro antes aplicado nesse comércio migra diretamente para o campo especulativo. A demanda dos cafeicultores por escravos iria ser suprida pelo mercado interno, de modo que a monarquia conseguiu resolver o problema com os ingleses sem se indispor com traficantes e cafeicultores. Não por acaso, essa mágica havia sido articulada por Mauá, que era cria dos ingleses e havia, como eles, desenvolvido o dom e a habilidade de fazer negócios.[57]

Criado a princípio para resolver exclusivamente o problema do tráfico de escravos, ou melhor, dos traficantes, o banco privado acabou por se tornar uma das principais vertentes do imenso desenvolvimento econômico que tivemos a partir dos anos 1850, pelo simples motivo de, com as suas políticas de empréstimos, gerar o capital necessário e, portanto, as condições para o desenvolvimento, sobretudo da indústria e do comércio. O surto de crescimento econômico foi um efeito colateral, não o objetivo principal da fundação do banco.

Em pouco tempo, no entanto, os lucros oriundos desse negócio inteiramente novo no Brasil iriam contaminar o espírito dos aventureiros e, a partir daí, entrariam em cena os especuladores. Vendo que o empréstimo de dinheiro dava um lucro imenso, esses especuladores iriam fundar bancos e emitir títulos de crédito sem lastro, prática que inevitavelmente desembocaria, mais cedo ou mais tarde, em sucessivas crises ao longo dos anos 1850.

A repentina oferta de recursos, fruto da agressividade excessiva dos especuladores, se dá em busca de "queimar etapas e erguer o Brasil ao plano das grandes potências, modernizado e progressista. O ambiente de prosperidade, alimentado pela especulação, sugeria mal dissimulada a cartola do mágico, o salto do país atrasado para o delírio do século XIX, o progresso rápido e sem fim [...]. O voo não seria obra do trabalho, a poupança, do capital acumulado, mas do jogo, da inteligência contra a rotina, da imaginação em lugar do lento e suado passo a passo".[58]

Entrava em cena mais uma vez aí a velha lógica do aventureiro que nos persegue desde tempos remotos. Em vez de procurar atingir o desenvolvimento e a prosperidade econômica por meio do trabalho lento, procuraram atalhos para poder melhor burlar os meios e chegar o mais rápido possível aos fins.

Ao menos um cronista soube captar bem o espírito da época, quando ironizou o desvario em que se transformou a busca de riqueza fácil por meio dos empréstimos. Disse ele: "Ao jogo, cidadãos, ao jogo em pleno dia, ao jogo da praça pública, ao jogo sem receio da polícia, ao jogo legal, comercial, industrial, moral [...] ao jogo, abandonai o comércio, abandonai vossos empregos, abandonai todos os interesses de vossas vidas e da sociedade. O comércio? Isso é um ronceiro cabriolé quando se trata de locomotivas em ágio."[59]

O Brasil, onde a riqueza se fundava até então na propriedade de terras, de escravos e na produção do café, descobriu nos anos 1850 o negócio dos juros e dos empréstimos bancários. Por isso, foi arguta e perspicaz a avaliação do cronista sobre a absurda polarização que se materializou na sociedade brasileira: era como se, num passe de mágica, houvéssemos passado do velho país de sempre, atrasado e subdesenvolvido, para um país modernizado e desenvolvido, queimando a etapa mais importante, a do trabalho.

A crise de 1853, resultado da euforia especulativa que havia deixado a impressão de um país falsamente moderno e desenvolvido, levaria muitos à falência e redundaria na fundação do segundo Banco do Brasil, para retomar o monopólio do crédito. Além da fundação do banco, o governo do Império baixou, em 22 de agosto de 1860, a lei 1.083, que, para pôr freio no desvario, proclamava no seu art. 1º que "nenhum dos Bancos criados por Decretos do Poder Executivo poderá emitir, sob a forma de notas ou bilhetes ao portador, quantia superior ao termo médio de sua emissão operada no decurso do primeiro semestre do corrente ano, enquanto não estiver habilitado para realizar em ouro o pagamento de suas notas".

Complementando tal determinação, foi criada outra, que ampliava a restrição para a abertura de todo e qualquer tipo de empresa sem o beneplácito do imperador. Seria uma forma de reservar o mercado para os membros do estamento? Seu art. 2º estabelece que "na organização e regime das Companhias e Sociedades Anônimas, assim civis como mercantis, observar-se-ão as seguintes disposições: As Companhias ou Sociedades Anônimas, Nacionais ou Estrangeiras, suas Caixas, Filiais ou Agências, não poderão se incorporarem ou funcionarem sem autorização concedida por Lei ou por Decreto do Poder Executivo, e aprovação de seus estatutos ou escrituras de associação".

Houve quem visse na intervenção do Estado na abertura de bancos e empresas privadas, como o deputado liberal Aureliano Cândido Tavares Bastos, "um crime se não fosse uma lei. Em virtude dele, o Estado diz aos mercadores, aos capitalistas, aos banqueiros: o comércio sou eu. Ao direito de associação: eu vos modero e vos dirijo [...] a todas as indústrias: ninguém mais sábio e mais prudente do que eu, segui-me, meu dedo soberano apontará o caminho [...] o decreto repete com a lei que a ele pertence, primeiro que tudo, decidir se o objeto ou fim da companhia é lícito e de utilidade pública".[60]

O resultado foi que, diante do episódio da aventura e da irresponsabilidade, os atos restritivos do governo na constituição de casas bancárias e na concessão de crédito indicaram que o Estado determinaria que tipo de empresa deveria ser instituído ou não e, coincidentemente, as instituídas foram aquelas que, em parceria com o Estado, muitas vezes sob concessão a políticos, tocaram as principais obras públicas do Império.

A crise de especulação que tomou conta do país em 1864 já era, para os espíritos mais antenados da época, crônica de uma morte anunciada; mais dia, menos dia – com o ritmo alucinado da aventura – ela viria implacavelmente.

A indignação maior, no entanto, não era com a crise, mas com o que viria depois, outra crônica da morte anunciada: o socorro estatal aos aventureiros. Joaquim Nabuco foi um dos que mais se indignaram. Ele percebeu que qualquer negócio que não tivesse como sócio "a camada dominante, simplesmente não viça, não se expande". Isso porque o governo decidira arcar com toda a emissão de papéis que havia sido feita sem o devido lastro. Foi a primeira vez na história do Brasil que um problema setorial se tornava questão de Estado.

Desse modo:

"... a crise de 1864, como sempre tem acontecido entre nós, foi aproveitada pelos especuladores para obter do governo, sob a ação do pânico, além das medidas excepcionais em que a opinião pública estava concorde, favores extraordinários, em benefício exclusivo deles. É sempre esse processo, levanta-se um clamor geral pedindo a intervenção do governo, e este, no uso da ditadura que lhe é imposta, não se limita à medida reclamada por todos, torna-se cúmplice dos que exploram a confusão do momento, dos que jogam afoitamente contando com o Estado para salvá-los ou desobrigá-los em caso de perda, decreta providências excessivas que só aproveitam a essa classe, em favor da qual a lei não merecia ser suspensa, muito menos inovada".[61]

A conexão entre empresários e governo no Brasil suaviza os riscos inerentes a qualquer iniciativa, a qualquer empreendimento. A mão taumaturga do Estado se estende a todos aqueles que fazem parte do estamento e unge as suas mais intempestivas aventuras.

O resumo da ópera é que, como o Estado socorreu os bancos falidos, contribuiu com dinheiro público para evitar, na verdade, a bancarrota dos seus correligionários e fazer, assim, a fortuna de poucos. Era mais uma vez aquela lógica tipicamente brasileira entrando em ação: aos amigos, tudo; aos inimigos, a força da lei.

XIII

O BARÃO DE MAUÁ E A GÊNESE DAS CONCESSÕES PÚBLICAS E DAS FORTUNAS SUBSIDIADAS NO BRASIL

A segunda vertente que contribuiu para o desenvolvimento econômico do Brasil a partir dos anos 1850 é a de obras públicas de infraestrutura para atender também, como sempre, a uma demanda da Inglaterra. É nesse momento que se inaugura um estilo brasileiro de desenvolvimento baseado em três pilares que até hoje não se alteraram: o Estado como o agente e financiador do desenvolvimento, o regime de outorgas e concessões públicas e a relação íntima – consequência das duas medidas anteriores – entre políticos, ou seja, entre a esfera decisória, e empresários. Essa configuração inicial, esse modelo originalmente brasileiro, vai ser a origem dos males que persistiram ao longo de nossa história e que hoje tomaram uma dimensão inimaginável e nos levaram para a antessala do inferno.

Esse surto desenvolvimentista vai ter dois vieses: o primeiro, externo, ou seja, os interesses ingleses fizeram com que convergisse para a economia brasileira um forte investimento financeiro. O segundo, interno, desenvolvendo as oportunidades de novos negócios que a abundância de capital proporcionava.

A origem do financiamento seriam empréstimos estrangeiros tomados de bancos – com capital predominantemente inglês – que se instalaram no Brasil imediatamente após o período da crise bancária do início dos anos 1860: o London and Brazilian Bank Limited e o The

Brazilian and Portuguese Bank Limited. Em relação aos bancos brasileiros que resistiram à crise, os estrangeiros tinham a seu favor o aspecto da conversibilidade da moeda, que aumentava significativamente seus capitais, e o aspecto de o maior cliente ser o Estado, o que tornava as operações extremamente seguras e garantidas.

O aumento expressivo da demanda pelo café brasileiro na Inglaterra – o café era o grande estimulante dos operários ingleses na segunda Revolução Industrial – fez explodir as exportações brasileiras. Na década de 1820 havíamos exportado 487.594 sacas. Já na década seguinte, o número saltou para incríveis 4.623.345 sacas. Desse modo, "a participação do café no comércio exportador projetou-se de 18,3% no período 1821-30 para 43% no decênio seguinte [...]. Em vinte anos, a receita cambial subiu de 7.189.000 para 21.329.000 libras".[62] A importância do café alavancava a dos cafeicultores.

Tudo acontecia aos trancos e barrancos, pois não havia no Brasil infraestrutura suficiente – ferrovias, armazéns, pontes, portos – para absorver esse aumento de demanda tão astronômico em tão pouco tempo. Restava aos ingleses assumir com o Brasil os negócios, desde o financiamento até o apoio logístico. O resultado foi uma explosão de obras tocadas naquele velho modelo brasileiro de parceria público-privada.

Do lado dos ingleses, o pragmatismo de sempre, ou seja, se na nova ordem mundial instituída pela Revolução Industrial "as áreas periféricas do sistema tornaram-se elementos vitais para ela, cabendo-lhes o papel relevante e insubstituível que era o abastecimento de grande parte das matérias-primas necessárias à indústria que constitui o motor central do sistema".[63] Nada mais pragmático do que a Inglaterra investir nas suas células fornecedoras. Claro que todo investimento inglês vai ficar restrito apenas a viabilizar a implantação da infraestrutura básica para otimizar a produção e o transporte de matéria-prima sem, no entanto, revelar o pulo do gato, ou seja, sem nenhum tipo de transferência de tecnologia e de conhecimento processual da indústria de transformação.

Desse modo, a Inglaterra nos proporcionará apenas as condições e os meios necessários sem os quais a "larga ampliação da produção e seu encaminhamento aos mercados consumidores e distribuição não poderia se realizar. São os recursos financeiros, a iniciativa, os estímulos e habilitação comercial engendrados pelo capitalismo e por ele postos à disposição da economia brasileira que tornam possível ao país estender e intensificar a sua produção, organizar o comércio, instalar o aparelhamento necessário à mobilização e transporte de seus produtos: estradas de ferro, instalações portuárias, navegação marítima".[64]

Os ingleses, como se pode ver, faziam o papel maquiavélico deles como sempre: investiam amplamente na modernização do país – ferrovias, portos etc. – apenas e tão somente para melhorar as condições de produção e transporte de matérias-primas. Todo e qualquer tipo de melhoria na infraestrutura do país ia nesse sentido. No fundo, a incompetência brasileira acabava por atrasar o lado dos ingleses na disputa palmo a palmo, centímetro a centímetro, que travavam com outros países desenvolvidos pelos mercados mundiais.

De um lado, essa determinação inglesa vai redimensionar a função exportadora do país. Todo esse investimento inglês vai proporcionar largas oportunidades de negócio que vão impactar diretamente o ritmo do crescimento econômico do Império. Porém, de outro lado, na prática, a Inglaterra nos condenava, sem cerimônia nenhuma, a ser a nota de rodapé da centésima página no livro dos grandes países industrializados. Jamais permitiram que fizéssemos o mais importante e lucrativo, que era a distribuição do produto pelos mercados consumidores, e importação e exportação ficaram restritas – por normas contratuais –, sob a responsabilidade de empresas inglesas e inteiramente fora do alcance das possibilidades brasileiras.

Esse período é o da gênese, do surgimento da raiz do nosso capitalismo retardatário. Era nossa condenação, nossa perpetuação a um modelo de economia primário-exportadora do qual não nos libertamos até hoje. Ainda assim, dado nosso atraso histórico, não era lá uma oportunidade de se jogar fora. Bem racionalizada e direcionada, com reinvestimento do capital, diversificação da economia e um projeto de industrialização, mesmo que secundário à atividade principal– ou seja, um projeto de nação de longo prazo –, até que essa posição na divisão internacional da produção do sistema capitalista não era lá um mau negócio para quem acabava de entrar naquele bonde. Não dava ainda para viajar sentado junto à janela, mas também já não ficávamos na estação vendo o trem do desenvolvimento econômico desaparecer no horizonte. Se nos organizássemos direitinho e projetássemos o futuro, quem sabe em algumas décadas não poderíamos estar abrindo concorrência com os ingleses.

Essa vai ser uma das épocas de maior desenvolvimento da nossa história, num cenário que, no entanto, envolvia perigosamente quatro elementos: abundância de dinheiro, obras públicas, políticos e empreiteiros. Num país de aventureiros, isso tinha tudo para dar errado. E deu.

XIV
A DELAÇÃO PREMIADA DO BARÃO DE MAUÁ

O homem da Inglaterra no Brasil, que vai operacionalizar todo esse movimento de investimentos e obras e será responsável por azeitar as relações entre governo e empreiteiras, é mais uma vez Irineu Evangelista de Sousa, o barão de Mauá.

Ele sabia que nesse período no Brasil, sob a rede oficial dos favores do Estado:

"... a intervenção do governo não se circunscreve às finanças e ao crédito. Ao contrário, desse centro ela se irradia sobre todas as atividades, comerciais, industriais e de melhoramentos públicos. O Estado autoriza o funcionamento das sociedades anônimas, contrata com os bancos, outorga privilégios, concede estradas de ferro e portos, assegura fornecimentos e garante juros. A soma desses favores e dessas vantagens constitui a maior parte da atividade econômica, a mais relevante e ativa, regulada, incentivada e só possível pela vida que o cordão umbilical do oficialismo lhe transmite. Atuante é a intervenção do Estado, secundária a presença dos particulares".[65]

Mauá foi o maior concessionário das grandes obras públicas que começaram a pipocar no país, sobretudo na região Sudeste. Muitos políticos – ministros e senadores – pegavam para si as concessões e vendiam, sublocavam ou terceirizavam as obras para outro executar o serviço: "Formigavam nos ministérios, nos corredores da Câmara e do Senado, magotes de aventureiros, intermediários e empresários nominais, em busca das cobiçadas concessões, dos fornecimentos, das subvenções, das garantias de juro, para o lucro rápido e sem trabalho das transferências."[66]

Um livro escrito por Mauá – *Exposição aos credores* –, documento precioso da época e espécie de delação premiada, escrito já na velhice, à beira da falência, nos dá uma ideia de como essas relações se davam.

Sobre seu mais importante empreendimento, a fábrica da Ponta da Areia, ele revela: "Quando tive o pensamento de mudar de rumo na direção de minhas ocupações, foi a primeira ideia que tratei de realizar – entendendo-me previamente com o então ministro do Império, o conselheiro Joaquim Marcelino de Brito, sobre o encanamento das águas de Maracanã, que estava resolvido, serviço que me foi por S. Ex. garantido."[67]

O conselheiro Joaquim Marcelino de Brito foi ministro do Supremo Tribunal de Justiça, foi presidente do tribunal, presidente de província, deputado, senador e *ministro* e secretário de Estado dos *Negócios do Império*.

Em outro trecho Mauá confessa que, para implantar a fábrica, solicitou "às Câmaras o primeiro empréstimo de 300 contos para o estabelecimento, que me foi prontamente concedido, dividido o reembolso ao Estado em onze prestações anuais com os mesmos juros que o Estado pagava".[68]

Outra obra de Mauá em que se pode notar a escandalosa mão de políticos é a Companhia de Iluminação a Gás do Rio de Janeiro.

"Desde que o estabelecimento da Ponta da Areia ficou montado para produzir em grande escala, havia-me eu aproximado dos homens de governo do país em demanda de trabalho para o estabelecimento industrial, cônscio de que essa proteção era devida, mormente precisando o Estado dos serviços que eram solicitados, em concorrências com encomendas que da Europa tinham de ser enviadas, e já foi dito quanto o estabelecimento prosperou no período em que essa proteção lhe foi dada. As relações adquiridas então me puseram em contato com quase todos os homens eminentes, de quase todos mereci atenção e de alguns fui amigo sincero. Em 1851 compunha-se o ministério de homens de estado que me tinham no mais alto apreço [...]. Fui informado que debatiam uma proposta – de iluminação a gás – em conselho de ministros e estavam a ponto de ser assinadas as respectivas condições, entre elas o preço de 31 réis por pé cúbico. Como se tratava de um serviço público, declarei-me desde logo concorrente, e assegurei que minha intervenção importaria não pequena economia aos cofres públicos [...]. Asseguraram-me que minha proposta seria preferida e que só lhes restava a dificuldade de desembaraçarem-se do outro [...]. Alguém mais sabe do fato, além de que nos papéis velhos da Secretaria da Justiça talvez exista a outra proposta. Assim, colocado em relação a esta outra empresa era-me fácil obtê-la [a concessão] fazendo qualquer concessão. Em poucos dias apresentei minha proposta fixando o preço de 27 réis. Mostrou-se o conselheiro Eusébio de Queirós altamente satisfeito [...]. Em poucos dias fui chamado à Secretaria da Justiça em hora adiantada pelo conselheiro Eusébio e o assunto ficou resolvido."[69]

Em relação à fundação do Banco do Brasil, relata curiosamente Mauá:

"Apresentei-me, pois, em campo com a ideia de criar uma grande instituição de crédito. Brusca e violenta oposição assaltou-me por todos os lados; compreendi que se tratava dos vencimentos dos cargos de diretores. Fiz um movimento ousado de frente alterando os estatutos, tornando esse cargo não remunerado; foi água na fervura. Os pretendentes que formigavam retiraram-se da arena, e consegui formar uma diretoria composta dos melhores nomes da praça."[70]

Ele jogou a isca e descobriu o óbvio: que, onde não tem dinheiro, não tem político.

O caso de uma das principais ferrovias brasileiras, a Santos–Jundiaí, segue o mesmo roteiro, dessa vez envolvendo Mauá e os conselheiros José da Costa Carvalho, marquês de Monte Alegre, e José Antônio Pimenta Bueno, marquês de São Vicente.

"Foi objeto frequente de nossas conversas durante o ano de 1855 a construção de uma estrada de ferro que, partindo de Santos, galgasse a serra do Cubatão, e pela linha mais reta se dirigisse aos distritos mais produtivos da província de São Paulo, onde a cultura do café começava a desenvolver-se em condições tão favoráveis que prometia à província um futuro dos mais esperançosos. A magnitude da empresa criou alguma hesitação em meu espírito, e durante algum tempo resisti às solicitações dos meus amigos. Cedendo afinal sob as promessas de unirem eles seus nomes prestigiosos na política do país ao meu humilde nome [...]. Armado com a concessão dessa estrada, fiz-me representar por meu sócio, o Sr. de Castro, em Londres, para os passos indispensáveis ali, a fim de obtermos o capital necessário [...]. Foram inúmeras as dificuldades com que ele teve de lutar, não obstante a coadjuvação do ministro do Brasil em Londres, a cujas mãos, por intermédio dos meus amigos, chegaram recomendações eficazes, para que Sua Excelência amparasse a realização de tão útil empresa, dando todas as explicações que lhe fossem exigidas quanto à efetividade da garantia do Brasil. Já antes da concessão da garantia (pela certeza que me davam os meus amigos de a obter), o engenheiro Roberto Milligan, com a turma de trabalhadores à qual nada faltava, abria várias picadas na direção que julgou mais conveniente, a fim de vencer a grande dificuldade da serra do Cubatão."[71]

Outra obra importante foi a instalação do cabo submarino da linha telegráfica entre o Brasil e a Europa.

"Foi esta uma ideia que me preocupou por longo tempo, causando-me verdadeira febre o achar-se o Brasil segregado do mundo civilizado e alheio ao gozo do invento mais sublime que registra o século XIX. Devido a uma dessas concessões a especuladores de má lei que ambicionam fazer fortuna de um golpe com a realização de uma ideia conhecida [...]. Ao concessionário original Balestrini foi não só feita a concessão há mais de vinte anos – porém reformado mais de uma vez o prazo e novos favores adicionados [...]. Por ocasião de minha última viagem à Europa levei propósito firme de não regressar à minha pátria sem deixar assegurada a realização de uma ideia que me parecia transcendente para a vida política, econômica e financeira do Brasil. E isso mesmo eu o disse em conversa a Sua Excelência o Sr. Visconde do Rio Branco. Ao chegar a Lisboa encontrei um telegrama anunciando-me que se achava constituída uma mesa de diretores que se propunha fazer aquisição do privilégio de Balestrini [...]. Ao chegar a Londres fui informado que haviam chegado a um acordo para a compra do privilégio do cabo submarino [...]. Causou-me a agradável impressão (entre os nomes dos que adquiriram a concessão) o nome do Barão de Nioac (Manuel Antônio da Rocha Faria) no prospecto [...]. Recebendo o contrato de concessão entreguei-o a influências de primeira ordem que tinham de dirigir a realização da empresa [...]. Minha cota de responsabilidade ficaria nominal [...]. Uma coisa era vender o privilégio, outra partilhar dos benefícios [...]. Consenti apenas em fazer parte da mesa de diretores."[72]

Por fim, além de muitos outros casos, citamos o caso do Banco Mauá e Gregor:

"Formuladas por mim as condições de existência da sociedade bancária, e obtida a coadjuvação de amigos importantes, não me julguei dispensado de consultar sobre elas os meus amigos que compunham o ministério que governava em 1854. Entreguei a Sua Excelência o Sr. Visconde de Paraná, chefe do gabinete e ministro da Fazenda, o estatuto e pedi-lhe que, por si, e consultando o seu colega da Justiça, me dissesse se, em face da legislação vigente, encontravam algum obstáculo ao pensamento formulado, não lhe ocultando a aspiração que essa forma envolvia, de funcionar a nova sociedade fora do arbítrio governativo, a que estavam sujeitas as sociedades anônimas, existindo até no código a disposição exorbitante de poderem ser dissolvidas administrativamente sem a intervenção dos votos dos acionistas. Uma semana depois disse-me Sua Excelência que achava a minha combinação isenta de qualquer objeção assim legal como de outra espécie; e para provar-me sua plena aprovação disse-me que, não podendo como ministro ser interessado na sociedade bancária, seu filho mais velho subscreveria com 50 contos, seu genro com 30, e o pai deste com 50, e que não hesitaria em recomendar a todos os seus amigos que subscrevessem ações; tal era a confiança que minha gestão lhe inspirava. Satisfeito com aprovação tão qualificada e positiva, dei imediatamente andamento ao projeto, abrindo eu a lista dos subscritores com 600 contos além da minha responsabilidade ilimitada. Em dois dias ficou preenchido o capital social e fechada a lista da subscrição com 182 sócios comanditários."[73]

Devido a essas relações com agentes públicos, em 1867 Mauá era dono certamente da maior fortuna particular do Brasil, com os seus 115 mil contos de réis, ou 60 milhões de dólares. No Brasil, só o orçamento do Império chegava próximo disso, com 97 mil contos de réis, que Mauá havia ajudado a tornar realidade.

Esse patrimônio todo era oriundo do rendimento de cerca de 17 empresas, instaladas em seis países, abertas com sócios ingleses, franceses e norte-americanos. Entre essas empresas estavam "bancos no Uruguai, Argentina, Estados Unidos, Inglaterra e França; estaleiros no Brasil e no Uruguai; três estradas de ferro no interior do Brasil; a maior fábrica do país, uma fundição que ocupava 700 operários; uma companhia de navegação; empresas de comércio exterior, mineradoras, usinas de gás, fazendas de criação de gado e fábricas variadas".[74] Tudo isso num intervalo de 20 anos.

Esses números nos fazem pensar que o agora barão de Mauá foi regiamente recompensado com o monopólio das obras públicas.

Essa imensa associação de capitais vai fazer com que Mauá multiplique os seus negócios e a sua fortuna. Se no início de 1850 ele era proprietário apenas da fábrica da Ponta da Areia, dois anos depois, com o beneplácito do imperador, ele já havia agregado aos seus negócios nada mais nada menos que um banco, uma companhia de estradas de ferro, uma empresa de navegação e uma concessionária de serviços públicos. Se fosse nos dias de hoje, todos esses negócios seriam certamente alvo de uma CPI (Comissão Parlamentar de Inquérito), dada a intensa aplicação de dinheiro público nos empreendimentos de uma única empresa.

Na introdução do livro, Mauá resolve acertar contas com seu passado: escreve que teve de início uma vida toda de trabalho com o comércio, por meio do qual havia reunido uma verdadeira fortuna, sem que precisasse "nodoar meus dedos com tinta, escrevendo petição alguma a nenhum representante de autoridade administrativa do meu país".[75]

Quando opta por ampliar seus negócios, sobretudo envolvendo-se com obras públicas, diz Mauá:

"Errei grosseiramente optando por uma nova vida de atividade, aonde *outros elementos* auxiliam os esforços da iniciativa individual para alcançar altos propósitos em bem dos interesses gerais, que eu *afianço* ter sido o pensamento *dominante* que atuou em meu ânimo, rodando todas as outras considerações *muito abaixo desse nível*."[76]

[...]

"[...] Na nova esfera de trabalho a que a *força do destino* me arrastou, coube-me em partilha *intervir* na realização de muitos e importantes cometimentos. Não é por certo a fatuidade [...] que me induz a recordar serviços prestados ao país e obriga-me a entrar na apreciação de *alguns atos* de que fui instrumento, deixando ainda em silêncio muitos que podiam aparecer com vantagem, desde que atuaram indiretamente na vida financeira e econômica do Brasil, limito-me aos que têm bastante *notoriedade pública*."[77]

É assustador o acerto de contas de Mauá com o Brasil. Do jeito que o estamento cobriu o país com o seu manto sufocante, em busca de vantagens pessoais e em detrimento dos interesses da nação, ou antes, aproveitando-se dos interesses da nação para tirar vantagens pessoais. Esse poder pessoal que se estende por todos os lugares, essa relação intrínseca entre política e economia, cria uma redoma e esteriliza, por inútil que a torna, qualquer iniciativa particular. Nada viça, nada acontece se não receber o beneplácito dos poderosos, se não passar pela unção dos taumaturgos. Não existe iniciativa individual. Tudo tem de passar por eles, ser aprovado, carimbado, encaminhado, autorizado, chancelado. Com essa capacidade nas mãos para licitar e distribuir grandes obras, para definir empréstimos, eles ganham um poder descomunal sobre todas as coisas e criaturas.

Com a caneta e o carimbo suspensos no ar diante do papel que a tudo autoriza, que a tudo dá andamento, eles prevaricam. Nesse espaço de tempo entre o levantar da caneta e a assinatura no papel não correm apenas alguns segundos. Nesse vácuo é como se houvesse um tempo oculto em que ocorreram as negociações, as reuniões, as partilhas, o leilão de tudo como se fosse objeto pessoal.

O progressismo e, muito mais tarde, o desenvolvimentismo "farão da modernização um negócio de empréstimos, subvenções e concessões, entremeado com o jogo da bolsa, sob os auspícios do Estado que é a galinha dos ovos de ouro, submissa, calada, recolhida e prolífica".[78]

Nas últimas décadas do Império, as maiores empresas particulares eram as que executavam obras mediante concessão do Estado, estradas de ferro, carris urbanos, navegação.

No fim, em matéria de grandes fortunas e de grandes negócios, a realidade era, sempre e cada vez mais, o Tesouro Nacional.

XV

O CENSO DE 1872: QUE PAÍS É ESTE?

Em meio ao grande canteiro de obras que virou o país, em meio ao intenso fluxo de capital e de riqueza como nunca antes havíamos visto circular, em meio à pujança econômica com o auge das exportações do café, um observador estrangeiro, incauto, poderia imaginar que vivíamos no melhor dos mundos possíveis. A realidade era, infelizmente, bem diversa da que os olhos podiam ver.

O grande desenvolvimento econômico do país a partir de 1850 em nada mudou a realidade social. O povo não fazia uso das ferrovias, dos portos, dos armazéns etc.; tampouco era beneficiário da riqueza que as exportações auferiam, pois essa riqueza ficava extremamente concentrada – aliás, fenômeno típico de países com economias primário-exportadoras. As mudanças ocorreram de forma substancial apenas para o estamento que tudo controla, dirige e encaminha. Esse grupo, sim, que agrega produtores, exportadores, políticos, empreiteiros e financistas, enriqueceu como nunca na história deste país.

O censo de 1872, realizado logo após o retorno do imperador de uma viagem à Europa, revelou a verdadeira cara do Brasil no século XIX. Éramos um país atrasado, árido, primitivo, caótico. Descobrimos que vivíamos em vários tempos concomitantemente: em alguns lugares éramos tão modernos quanto a Inglaterra e, em outros, não havíamos avançado nada em relação ao tempo colonial. Descompasso de tempos, aliás, que nunca foi superado e que permanece até os dias de hoje. Dentre os enormes desafios a serem vencidos, a escravidão era o principal.

Na província do Rio de Janeiro havia 292.637 escravos; em São Paulo, 156.612; em Minas Gerais, 370.459; e, na Bahia, 167.824. Outro aspecto da pesquisa revelou quanto a sociedade brasileira ainda era rural e agrícola. As profissões agrícolas venciam disparado qualquer outro tipo de atividade: havia, no país, 3 milhões de trabalhadores ligados ao campo; 19 mil empregados em manufaturas; 968 juízes; 1.647 advogados; 493 notários; 1.024 procuradores; 1.619 oficiais de justiça; 1.729 médicos; 238 cirurgiões; 1.392 farmacêuticos; 1.197 parteiras; 3.525 professores e 10.710 funcionários públicos. Esse quadro revela a dimensão da dependência do país em relação ao campo e o atraso em que se encontrava em comparação às nações europeias e aos Estados Unidos, já imbuídos do espírito da Revolução Industrial e das ideias do liberalismo econômico e político.

Outro dado nos revela um quadro assustador: se considerarmos apenas o Rio de Janeiro – que era a capital do Império –, dos 133 mil habitantes do sexo masculino e livres, 68 mil eram analfabetos. Esse número aumenta significativamente se considerarmos os habitantes do sexo feminino. Tal catástrofe revela o descaso total com o povo. Na verdade, segundo Darcy Ribeiro, "nunca houve aqui um conceito de povo, englobando todos os trabalhadores e atribuindo-lhes direitos [...]. A primazia do lucro sobre a necessidade gera um sistema econômico acionado por um ritmo acelerado de produção do que o mercado externo dele exigia [...]. Em consequência, coexistiram sempre uma prosperidade empresarial, que às vezes chegava a ser a maior do mundo, e uma penúria generalizada da população local".[79]

Esses dados revelam que não havia um país, ou seja, uma sociedade civil e um Estado que fosse a sua representação; o que havia era uma incestuosa relação entre Estado e empresários que formavam um Brasil e, em torno disso, orbitando essa realidade, havia outro Brasil, com um povo abandonado à própria sorte, sua péssima sorte, tentando viver em meio a grandes dificuldades, onde prevalecia a lógica do cada um por si e o Estado contra todos, como sempre na história deste país.

XVI
1888: O DUELO ENTRE DOIS MUNDOS

No fim do século XIX, a questão da emancipação dos escravos não era apenas de ordem humanitária – ou seja, pela óbvia iniquidade da condição em si da escravidão – mas também uma questão econômica. Depois dos fortes investimentos ingleses na infraestrutura do país, havíamos despontado no cenário internacional como uma das maiores economias primário-exportadoras do mundo. Restava olhar para dentro, ou seja, desenvolver, fomentar, ampliar o mercado interno, expandir os negócios no país, sobretudo o comércio e a indústria, que estavam em situação precária, relegados a segundo plano, e sobreviviam à margem, à sombra do agronegócio.

A condição *sine qua non* para o desenvolvimento desse mercado de consumo interno era o fim da escravidão; só por esse meio seria possível o surgimento paulatino de um mercado de consumo consubstanciado e alavancado pela renda do trabalho, ou seja, pelos salários. Essa mudança, no entanto, só seria possível por meio de uma revolução cujas consequências políticas eram imprevisíveis. A questão de fundo era como levar adiante um projeto que passava necessariamente pelo enfrentamento direto com a classe social mais abastada, não só econômica, mas politicamente, que eram os cafeicultores.

Eles acabavam de ser contemplados com uma infraestrutura novíssima para explorar ao máximo suas potencialidades produtivas. O fim da escravidão era – do ponto de vista deles – um golpe duríssimo e até mesmo um retrocesso após décadas de investimento. Mas por isso mesmo era um momento decisivo em que se digladiavam dois mundos, dois projetos de nação. Ironicamente, na maior sociedade patriarcal do mundo no século XIX, o pesado empreendimento vai ser levado a cabo por uma mulher: a princesa Isabel.

Entre 1878 e 1881 – casada com o conde D'Eu, um aristocrata francês de pensamento liberal – a princesa Isabel morou em Paris. Nesse período viajou pela Europa e acompanhou e observou de perto todas as grandes transformações no universo econômico, político, cultural e social pelas quais o continente passava. Na Inglaterra ela se impressionou com a dimensão da Revolução Industrial e, no seu retorno ao Brasil, sentiu, inevitavelmente, o forte impacto da distância que ainda nos separava dos principais países da Europa em vários aspectos. Mas uma questão soava para a herdeira presuntiva do trono do Brasil como algo que já havia transposto a barreira do intolerável: a escravidão.

O fim da escravidão e os benefícios que daí surgiriam fizeram da emancipação a sua bandeira pessoal e política. O primeiro passo no sentido do fim da escravidão foi dado em 28 de setembro de 1885, com a promulgação da Lei dos Sexagenários. Irritados, os cafeicultores mandaram um recado para a princesa: "Nós não aceitamos e não aceitaremos jamais o programa da imediata emancipação."[80]

A princesa havia deixado bem claro, desde o momento em que assumira a sua primeira regência, em 1871, com a Lei do Ventre Livre, que a questão da escravidão era um tema-chave para uma economia diferente, para uma sociedade renovada, para uma cultura diversa e outro mundo.

No dia 3 de maio de 1888, na Fala do Trono, discurso tradicional que abria os trabalhos da Câmara e do Senado no qual o imperador expunha as principais questões que seriam propostas e avaliadas ao longo daquele ano, a princesa Isabel não perdeu tempo. Expôs algumas preocupações corriqueiras às quais os deputados e senadores deveriam se ater e partiu logo para o que mais lhe interessava, a cereja do bolo. Sem delongas, disse que:

"... a extinção do elemento servil, pelo influxo do pensamento nacional e das liberalidades individuais, em honra do Brasil, adiantou-se pacificamente de tal modo que é hoje aspiração aclamada por todas as classes, com admiráveis exemplos de abnegação da parte dos proprietários. Quando o próprio interesse privado vem espontaneamente colaborar para que o Brasil se desfaça da infeliz herança, que as necessidades da lavoura haviam mantido, confio que não hesitareis em apagar do direito pátrio a única exceção que nele figura em antagonismo com o espírito cristão e liberal das nossas instituições. Mediante providências [...] na transformação do trabalho, apressem pela imigração do povoamento do país, facilitem as comunicações, utilizem as terras devolutas, desenvolvam o crédito agrícola e avivente a indústria nacional. Pode-se asseverar que a produção sempre crescente tomará forte impulso e nos habilitará a chegar mais regularmente aos nossos auspiciosos destinos. Augustos e digníssimos senhores representantes da nação, muito elevada é a missão que as circunstâncias atuais nos assinalam. Tenho fé que correspondereis ao que o Brasil espera de vós".[81]

No dia 13 de maio a lei foi aprovada no Congresso e no Senado. O barão de Cotegipe foi um dos poucos senadores que votaram contra ela. Dizem que entre ele e a princesa Isabel, que ele tanto odiava, teria ocorrido o seguinte diálogo na cerimônia de assinatura da Lei Áurea no Paço Imperial, horas depois da aprovação da lei no Senado:

A princesa: "Então, Sr. barão, ganhei ou não ganhei a partida?" E o barão, em resposta: "A senhora ganhou a partida, mas perdeu o trono."[82]

Mesmo que tenham malogrado em seus objetivos, os acontecimentos de 1888 correspondem ao "momento talvez mais decisivo de todo o nosso desenvolvimento nacional, é que a partir dessa data tinham cessado de funcionar alguns dos freios tradicionais contra o advento de um novo estado de coisas, que só então se fez inevitável [...] e efetivamente daí por diante estava melhor preparado o terreno para um novo sistema, com o seu centro de gravidade não já nos domínios rurais, mas nos centros urbanos".[83]

Se o principal acontecimento de 1822, a independência, não havia passado de um arranjo, em 1888 a princesa Isabel decidiu enfrentar a primeira questão a ser resolvida no país caso quiséssemos fazer a travessia do terceiro para o primeiro mundo, que era a do fim da escravidão. Essa atitude de coragem em romper com um estado de coisas que permanecia inalterado e intocado no país havia mais de 400 anos e que era o maior entrave para a economia brasileira tinha tudo para ser uma verdadeira revolução.

Pois é, mas não foi.

XVII
1889: O GOLPE MILITAR COMO ATO DE RESISTÊNCIA DO ATRASO

Outra frase que atormentaria a princesa Isabel por anos no exílio é a do ministro Saraiva: "O seu reino não é deste mundo."

E não era mesmo. O café era o principal produto brasileiro. O Brasil, o maior produtor mundial. A fortuna auferida com o café pelos barões sustentava a monarquia e o país todo. O que a princesa não entendeu no seu ardiloso jogo de xadrez era que ela – a monarquia – não era a dona do poder. Ela exercia o poder sob uma espécie de concessão, nada além disso. A princesa jogou e, como havia prognosticado Cotegipe, perdeu. O reino cadaveroso mais uma vez cobriu o país com o manto do conservadorismo.

Porém a princesa tinha razão quando desferiu sua canetada atômica, pois a libertação dos escravos despertou no país o espírito empreendedor que havia muito estava recalcado. "Em 60 anos, até o dia 13 de maio de 1888, o movimento industrial, representado no capital das sociedades anônimas, circunscrevia-se à soma de 410.879,00$. Nos dezoito meses compreendidos entre 13 de maio de 1888 e 15 de novembro de 1889, as associações do mesmo gênero, exprimem um capital de 402.000,000$. De 15 de novembro de 1889 a 20 de outubro de 1890 (onze meses), as sociedades anônimas atingem a importância descomunal de 1.169.386,600$."[84]

Outro diagnóstico da mudança que se operava lentamente foi o censo de 1907, que apontou haver no país 3.528 estabelecimentos comerciais e industriais, que empregavam 15 mil operários. Apenas 13 anos depois, em 1920, novo censo revelou que o número desses estabelecimentos havia subido para 13.490 e o número de seus trabalhadores havia saltado para incríveis 280 mil. De 15 mil para 280 mil é possível perceber o vasto desenvolvimento do mercado interno, alavancado pelo fim do trabalho escravo.

Essa realidade fez com que acontecesse algo que a princesa previa e desejava: a arrecadação de impostos subiu às alturas. O imposto sobre o consumo, que representava, em 1910, 10,5% da receita do Estado, atingiu 23,7% em 1917. O primeiro surto industrial significativo no Brasil ocorreu, portanto, quase a seguir e concomitantemente ao passo fundamental que significou a superação do trabalho escravo. Esse desenvolvimento da industrialização do país, esse upgrade, era uma força da natureza que estava aguardando apenas uma oportunidade para varrer tudo e implantar o novo.

É claro que o terceiro reinado projetado pela princesa Isabel – do ponto de vista do povo – seria mais do mesmo. Tratava-se de uma troca apenas no estamento que tomava conta do poder, e nessa troca ocorreria, claro, mais dia, menos dia, uma mudança de direcionamento nos rumos do investimento do Estado e de suas prioridades. O ganho viria para o povo e para o país – mesmo que pela porta dos fundos e ainda que o capitalismo permanecesse politicamente orientado – da diversificação da economia. Continuaríamos a ser os principais exportadores de café, continuaríamos a ser uma economia principalmente primário-exportadora ainda por longos anos; afinal de contas, fora para isso que havíamos nos preparado por séculos e para essa realidade haviam convergido todos os esforços. O dado concreto é que o incentivo à industrialização do país e ao comércio poderia ter libertado forças que estavam presas também por séculos de negligência. Essa poderia, sim, ter sido uma grande revolução na história do Brasil.[85]

Se, por um lado, a libertação dos escravos significou uma luz no fim do túnel, por outro teve também seu lado meramente protocolar. A verdade é que, desamparados, eles foram lançados à própria sorte. A falta de uma economia diversificada em que se pudesse arranjar emprego digno fez com que muitos deles permanecessem trabalhando nas fazendas. Os que migraram para as cidades se tornaram subempregados, com rendimentos que não lhes permitiam uma vida decente. Essa situação vai desembocar no surgimento de favelas nos morros cariocas já nos primeiros anos após a libertação dos escravos e também em cortiços na maioria das grandes cidades. No caso do Rio de Janeiro, a insalubridade obrigou o médico sanitarista Oswaldo Cruz a fazer uma verdadeira cruzada contra esses cortiços a fim de exterminar doenças tropicais transmitidas por mosquitos, sendo a pior delas à época a febre amarela. A substituição do trabalho escravo pelo assalariado só faria sentido se os salários fossem suficientes para dar condições de subsistência às pessoas.

Não resta dúvida, portanto, que a proclamação da República foi um ato de resistência da oligarquia contra a monarquia e visando à manutenção dos privilégios contra a enorme perda de capital causada pela libertação dos escravos.

Não só isso: junto com a libertação dos escravos, o setor cafeeiro amargava algumas crises no final do século XIX, de modo que os cafeicultores precisavam cada vez mais da presença do Estado garantindo suas rendas. A clara aproximação da princesa com a burguesia urbana indicava, para a oligarquia do café, que mais dia, menos dia o socorro do Estado, que sempre fora pródigo, ia escassear.

O golpe da República foi para garantir o poder ao estamento que aparelhava o Estado. Não por acaso, desenvolveram uma bandeira com os dizeres "ordem e progresso" – só não deixaram claro que a ordem privilegiaria o progresso deles. A coisa ocorreu tão de improviso que, para pintá-la com cores épicas, escolheram um herói. E a forma de homenagear esse herói que lutou contra a monarquia foi bem à moda brasileira – instituíram um feriado. Esqueceram apenas de fazer a lição de casa e perceber que Tiradentes, ao defender os ideais da Revolução Francesa, lutava justamente contra os privilégios que a oligarquia queria manter. Mas, como era apenas para enrolar o povo, servia esse herói mesmo, era só ajustar algo aqui e ali e ninguém ia perceber, como até hoje não perceberam, que a República foi uma farsa, um engodo.

O aparelhamento do Estado vai ocorrer nos anos iniciais do século

XX por meio de pelo menos duas medidas tomadas pelos estados produtores de café, São Paulo, Minas Gerais e Rio de Janeiro: pela primeira, o Estado compraria todo o excedente do café que não fosse exportado, de modo que os produtores não teriam nenhum prejuízo; pela segunda, foi criada uma Caixa de Conversão que garantiria um preço mínimo da saca do café quando os preços diminuíssem no exterior. Ou seja, para os fazendeiros havia segurança total, sem nenhum risco de perda.

Um dos grandes problemas que contribuíram para a crise de 1929 foi que a garantia de compra do Estado gerou uma superprodução. Claro, se estava tudo vendido, quanto mais fosse produzido, melhor. Mas, em um ambiente de crise internacional em que os preços caíram e a exportação também, o próprio Estado, que tinha como fonte principal de suas rendas a exportação do café, se viu em dificuldade para pagar os cafeicultores. Na época de vacas gordas, tudo bem, mas, numa crise econômica, a socialização das perdas vai gerar protestos... e a Revolução de 1930 é fruto dessa crise.

Não há bem que nunca acabe... para desgraça da oligarquia do café. Nem mal que dure para sempre... para esperança do povo.

SEGUNDA PARTE

Do golpe militar de 1889 ao
golpe militar de 1964

I
A REPÚBLICA DAS FORTUNAS SUBSIDIADAS

Esqueçam o quadro de Benedito Calixto. O evento do dia 15 de novembro de 1889 nas ruas do Rio de Janeiro foi um ato unilateral dos militares para atender as demandas da oligarquia do café. Não teve a adesão de ninguém. O povo não sabia nem do que se tratava e o impacto na vida cotidiana foi tão insignificante que, durante muitos dias, a massa continuou sem saber da queda da monarquia. Podemos imaginar o esforço imaginativo do artista para retratar um fato histórico inventado, plantado para justificar um golpe militar.

Os militares ficaram no poder por tempo suficiente apenas para dissipar qualquer possível movimento reformador da monarquia. Ficaram até ser possível transferir o poder com segurança à oligarquia paulista em 15 de novembro de 1894, com a eleição de Prudente de Moraes. Na alucinação do poder, que haviam acabado de conquistar e para cuja manutenção babavam feito cães ferozes, atacaram e destruíram a ingênua Canudos. A Guerra de Canudos foi um conflito no qual se digladiaram duas forças poderosas: a civilização contra a barbárie – e até hoje não é possível saber exatamente a serviço de que lado estava cada uma, barbárie e civilização, tão patética que foi a guerra.

O golpe que instituiu a República e o federalismo no Brasil foi o ato final de um movimento que havia começado em 1871 com o Manifesto Republicano, surgido, portanto, imediatamente após o primeiro passo dado pela monarquia no sentido de acabar com a escravidão: a aprovação da Lei do Ventre Livre. A partir desse momento, o movimento republicano desenvolveu uma relação de amor e ódio com a monarquia.

Em 1894, com a tomada do poder, já era notório que nunca na história do país uma classe social aparelhara de forma tão ostensiva o Estado como nos anos iniciais da República. Ainda hoje a região mais desenvolvida do país é o Sudeste. O Sudeste, entre 1889 e 1929, foi o Brasil. O resto do país, para a oligarquia paulista, era um fardo que eles carregavam. Não por acaso, surge a ideia, nos anos 1920, de que São Paulo era a locomotiva do país, que carregava, com sua força, os vagões indefesos. Não foi por acaso também que os republicanos assumiram como uma de suas bandeiras principais o federalismo. O federalismo era, antes de tudo, um livrar-se do Brasil.

Desse modo, com a oligarquia operando em um ambiente extremamente seguro, completamente chancelado pelo Estado, a produção do café ganhou uma força absurda. Se na década de 1880 produziam-se 3,7 milhões de sacas de café, logo depois do advento da República esse número saltou para 5,5 milhões, para chegar, já na primeira década do século XX, a impressionantes 16,5 milhões. Em 1905, especificamente, foram colhidos 11 milhões de sacas, o que representava absurdos 70% do consumo mundial em um ano.

A oligarquia ignorava completamente qualquer princípio de economia política, pois não havia mesmo motivo para se preocupar com superprodução, dificuldade de escoamento e queda de preços. Para todos esses problemas estava lá de prontidão o Estado para apagar os incêndios.

E não demorou para que surgissem os primeiros incêndios e as circunstâncias que determinariam e forçariam a primeira intervenção do Estado no mercado cafeeiro. O excesso de oferta estava afetando os preços e tudo se teria resolvido, primeiro, de forma emergencial, com um sistema de crédito que amparasse os produtores e não os deixasse na contingência de venderem precipitadamente a produção. E, segundo, fazendo-os sentar no banco da escola para ensinar-lhes uma regra básica da economia: a de que o preço ou o valor de qualquer produto está diretamente ligado ao binômio oferta e procura. Desse modo, quanto mais eles produzissem e colocassem à venda no mercado, menor seria o valor auferido. Não foram essas as soluções escolhidas. A opção foi por um expediente oportunista que consistiu em intervir no mercado com compras maciças por parte do governo para forçar a alta e, consequentemente, garantir o lucro dos produtores.

Dois dos principais e mais importantes mecanismos de proteção do café criados logo nos primeiros anos da República foram a Caixa de Conversão, que procurava manter a renda dos produtores mesmo diante de possíveis variações no mercado externo, e a compra do estoque de café pelo Estado para evitar a baixa dos preços pelo excesso de oferta. Esses dois mecanismos oneravam evidentemente toda a sociedade, porque transmitiam para ela todo o ônus, ao transformar crises sazonais e setoriais em problemas nacionais, de Estado. Ambos os mecanismos foram criados para manter os rendimentos e os lucros da oligarquia do café paulista em níveis elevados mesmo quando a situação do mercado internacional já não sustentava os preços e a rentabilidade. Era um verdadeiro escândalo e pode-se perfeitamente entender, por meio da criação desses mecanismos, por que essa oligarquia tinha se empenhado tanto pela derrubada da monarquia, pela implantação da República e, sobretudo, pelo sistema federativo.

Na Caixa de Conversão, a depreciação da moeda brasileira em relação ao dólar beneficiava diretamente a oligarquia cafeeira, porque, na conversão, mantida artificialmente pelo Estado, de suas exportações para a moeda local, a rentabilidade e o lucro eram enormes. O negócio funcionava, grosso modo, assim: se a saca do café custava 50 dólares e cada dólar valia 2 reais, a rentabilidade dos cafeicultores era de 100 reais por saca. Se o valor da saca de café no mercado internacional caísse para 25 dólares, a Caixa de Conversão trocava os 25 dólares auferidos na exportação do café não mais a 2 reais por dólar, mas a 4 reais, de modo a manter a rentabilidade do cafeicultor fixa em 100 reais. A diferença de 2 reais colocada artificialmente para garantir os 100 reais pagos ao produtor era bancada pelo Estado, ou seja, pelo povo.

Por outro lado, a sociedade brasileira produzia pouca coisa daquilo que consumia, de modo que a maioria dos produtos era proveniente de importações. Assim, toda vez que o governo depreciava a moeda brasileira para beneficiar os cafeicultores, ele penalizava duramente a população com a inflação dos preços dos produtos importados, que eram cotados em dólar. Desse modo, quando a conversão do dólar subia de 2 para 4 reais, o preço dos produtos dobrava de valor. A conversão do dólar em patamares altos interessa sempre a quem exporta e recebe em dólar; para quem importa e para o consumidor final, é uma catástrofe, pois os preços se inflacionam e o povo empobrece.

O segundo mecanismo de proteção, a compra do estoque dos produtores pelo Estado, era então um caso escandaloso de aparelhamento do Estado, um escárnio com o dinheiro público e, enfim, um verdadeiro crime contra um povo completamente acuado, incapacitado de qualquer reação e mantido, pelo mesmo Estado, numa situação deplorável de abandono e miséria.

Mesmo diante dessa realidade desigual, a política de valorização do café se mantinha sempre sob o mantra de que a intervenção do governo no mercado para comprar os excedentes se fazia necessária para restabelecer o equilíbrio entre oferta e procura do café. Como o Estado não tinha recursos para provisionar esse sistema, o financiamento dessas compras se fazia com empréstimos estrangeiros.

Uma análise do endividamento externo brasileiro, fruto dessa política, no período entre 1900 e 1930 revela que ele cresce "de pouco menos de 30 milhões de libras, por ocasião da proclamação da República, para quase 90 milhões em 1910. Em 1930 alcançará a cifra espantosa de mais de 250 milhões".[86] Tudo para bancar quase que exclusivamente o excedente de produção que a oligarquia do café insistia em produzir incansável e vorazmente.

Diante desses números fica claríssimo que não havia na proclamação ou, para ser mais preciso, no golpe que instituiu a República, nenhum projeto de nação. Havia projetos particularistas, setoriais. É preciso reformular a história do Brasil e deixar claro que, se provavelmente o fim da escravidão fosse acompanhado de uma generosa indenização, sem dúvida a monarquia não teria caído. Se a princesa Isabel não tivesse rompido com a oligarquia e se aproximado de outra classe social com a qual ela queria compor um novo estamento, certamente a monarquia não teria caído. A oligarquia do café não era republicana, tanto que conviveu por um século inteiro em profunda harmonia com a monarquia.

A oligarquia do café também não era monarquista, pois no primeiro momento aderiu à República, já que esta representava melhor naquele momento os seus interesses.

A elite econômica no Brasil nunca se pautou por ideologias; ela é pragmática, maquiavélica. Compôs ao longo da história do Brasil com quem quer que fosse, com aquele que lhe oferecesse mais oportunidades, com aquele que lhe oferecesse o Estado numa bandeja. Monarquia, república, ditadura, tudo serve, desde que os negócios floresçam e que nenhum obstáculo e nenhuma barreira se interponha entre ela e seus interesses imediatos.

Mesmo em tempos em que se tentava tingir o processo político com cores democráticas, a forma que essa oligarquia encontrou para se perpetuar no poder foi o voto censitário, ou seja, a concessão do direito ao voto era condicionada por alguns critérios preestabelecidos: durante o período monárquico era o econômico e, durante a Primeira República, o nível de alfabetização, ambos os critérios amplamente excludentes em relação à maioria do povo, o que fazia com que – como sempre no Brasil – o poder econômico determinasse o poder político. Esse mecanismo criava uma enorme discrepância, um descompasso entre o crescimento da população e a participação política. Em 1872 éramos 10 milhões; em 1889, 14 milhões; em 1905, 20 milhões; em 1920, 27 milhões; e, em 1931, 34 milhões. No entanto, em 1898, na primeira eleição presidencial, os eleitores eram apenas 2,7% da população; já em 1930, decorridos 32 anos, o percentual subiu para apenas 5,7%. Ou seja, em quase meio século, embora a população houvesse dobrado de tamanho, apenas 3% dela foram incluídos no processo eleitoral ganhando direito ao voto. Esses números demonstram que a representação política no Brasil – pelo menos por meio do voto do povo – jamais existiu. O Estado era para o povo um caminho de via única: a arrecadadora.

Mesmo nos raríssimos momentos em que ao povo, teoricamente, foi dado o direito ao voto, foi sempre entre os membros da camada economicamente dominante que se escolheram os eleitores e os candidatos, de modo que, não por acaso, travestido o acesso ao poder democrático, o Estado trabalhou, sempre, em função dos interesses dessa elite econômica e letrada.

Nesse quadro, não surpreende o ponto a que chegou a farra dos subsídios nos anos 1920. Qualquer país civilizado do mundo subsidiaria um setor-chave de sua economia para amenizar eventuais efeitos negativos de crises sazonais. Mas no Brasil esse expediente se tornou uma regra, ou seja, independentemente do que acontecesse no mundo, quaisquer que fossem as oscilações naturais do mercado, provocadas justamente pela livre concorrência, os produtores brasileiros viviam numa espécie de ilha da fantasia, imunes a todo e qualquer tipo de desafio que viesse de fora. Agasalhados pelo protecionismo do Estado, estavam imunes às intempéries que chegavam a eles de tempos em tempos – sobretudo depois do final da Primeira Guerra Mundial. Do ponto de vista do comércio internacional, essa oligarquia era uma espécie de bebê que o Estado mimava, amamentava e protegia dos perigos e riscos de ser um *player* do mercado internacional.

Essa lógica, aliás, não é prática do passado; ela se tornou regra e, além de ainda não ter sido superada nos dias de hoje, foi ampliada e universalizada para vários setores da elite econômica do país. Um bom exemplo são o Fies e o Prouni – ambos programas de financiamento do Ensino Superior –, criados a partir de 1999 durante o governo FHC e mantidos e ampliados nos governos seguintes. No Prouni as bolsas são integrais e o aluno não paga nada por isso, já no Fies o governo paga as mensalidades dos alunos para as universidades e os alunos pagam ao governo o financiamento apenas depois do término do curso. Desse modo, com inadimplência zero e navegando em céu de brigadeiro, as instituições particulares de ensino superior, que, em 2010, eram mil, passaram, em 2013, a 2 mil. O número de estudantes foi de 1 milhão para 5 milhões; os contratos do Fies subiram de 76 mil para 500 mil, perfazendo com isso um total de R$ 40 bilhões. A prodigalidade do Estado fez com que as instituições e as vagas brotassem do chão sem muito controle de qualidade e num terreno extremamente movediço, já que, sem a mão prolífica do Estado, facilmente se desfaria esse castelo de cartas: era a Caixa de Conversão migrando do café para o setor de ensino privado.

Em 2017 chegou a conta: com a crise econômica, a inadimplência dos estudantes formados superava os 50%, gerando um déficit de alguns bilhões de reais. São infindáveis os setores da economia em que o governo tudo provê, para alegria dos empresários, e arca com os ônus, para desgraça do povo. É importante que se diga que, em relação ao Fies e ao Prouni, não se trata de criminalizar os programas, que são importantes instrumentos de inclusão num país tão desigual. A questão é que esse modelo no qual o Estado arrecada e define como e para quem vai distribuir o dinheiro do povo abre brechas para as prevaricações, para as negociatas, para a corrupção, além de criar certos protecionismos.

Voltando à questão do café, era notório que havia nessa política protecionista do Estado uma contradição intrínseca e insuperável. No fundo, ao manter intencional e artificialmente os preços elevados, o Estado – mesmo que seu discurso fosse em sentido contrário – acabava por dar a essa oligarquia o sinal verde para que aumentasse a produção. Em vez de criar mecanismos para evitar que a capacidade produtiva aumentasse, pelo contrário, o protecionismo do Estado fazia com que essa capacidade produtiva continuasse crescendo. Era inevitável. Afinal, se você tivesse capacidade de produzir mais, por que produziria menos? Isso só ocorreria num ambiente de livre concorrência com uma retração sazonal das vendas e queda de preços, nunca em um cenário de total segurança quanto à venda e à manutenção do preço do produto.

Esse fenômeno jamais ocorreria numa sociedade de livre mercado, pois romperia com o princípio básico da economia, que é: quanto maior a oferta, menor o preço – de modo que produzir como a oligarquia produzia era uma espécie de suicídio econômico.

Mas no Brasil estávamos à margem do liberalismo econômico, pois o Estado – sempre pródigo e salvacionista – se achava aparelhado para girar de acordo com as engrenagens criadas pela oligarquia. Nesse ambiente completamente profilático, era óbvio que:

"... os negócios do café continuariam atrativos para os capitais que nele se formavam e os investimentos nesse setor se manteriam em nível elevado, pressionando cada vez mais sobre a oferta [...]. A defesa dos preços proporcionava à cultura do café uma situação privilegiada entre os produtos primários que entravam no comércio internacional. Por outro lado, os lucros elevados criavam para o empresário a necessidade de seguir com suas inversões – seus investimentos – e tornava-se inevitável que essas inversões tendessem a encaminhar-se para a própria cultura do café".[87]

O que esse mecanismo de defesa da economia cafeeira fazia era gerar um custo para o Estado que, em última instância, seria impagável a longo prazo. Muitos dos empréstimos tomados para bancar o sistema eram longos, de 30 e até 60 anos, o que comprometia até mesmo o futuro da economia do país. Até aos banqueiros estrangeiros que auferiam lucros astronômicos ao emprestar dinheiro ao Brasil para cobrir esses rombos soava temerária a manutenção desse expediente de empréstimos por muitos anos.

Todo esse aporte financeiro tomado no exterior com juros absurdos foi feito não só pelo governo federal, mas também pelos estados. A autorização para os estados tomarem empréstimos estrangeiros, possibilidade que não existia durante a monarquia – o que deixava as províncias nas mãos e na dependência do imperador –, foi incluída pela primeira Assembleia Constituinte da República. Apareceu como fundamental, ao lado do sistema federalista.

Como se pode ver, a oligarquia que tomou o poder em 1889 não brincava em serviço, era cirúrgica em suas tomadas de decisão e tinha uma visão estratégica do seu negócio. Todo o dinheiro tomado em empréstimo foi usado ou para bancar os tais mecanismos de proteção ou para construir a infraestrutura necessária ao escoamento do café: estradas, ferrovias, portos. Nenhum centavo foi utilizado em benefício do povo. Não por acaso, se tomarmos os números e as estatísticas dos censos populacionais e das condições da vida do povo, veremos que vivíamos num país completamente dividido, onde a nação era "dirigida por um organismo que lhe é alheio, porque sua legitimidade dela não emana, porque dela se afasta [...] a sociedade e o estamento, desconhecidos e opostos, convivendo no mesmo país, navegam para portos antípodas".[88]

•••

Tomando o período 1889-1927, é possível ver a voracidade da oligarquia do café por empréstimos feitos a bancos estrangeiros em três moedas diferentes – libra, franco e dólar. No primeiro momento, com a preocupação de se capitalizar e recuperar o astronômico capital perdido com a emancipação dos escravos; e, no segundo momento, com o intuito de construir e perpetuar a concessão do privilégio setorial em detrimento do conjunto da sociedade, da diversificação econômica, do processo de industrialização etc.

Vamos aos números:

Em libras esterlinas, os empréstimos em milhões foram os seguintes:

Ano	Empréstimo	Pagamento
1893	2.374.400	9.275.000
1895	5.100.000	18.605.000
1898	8.613.717	27.283.208
1901	12.000.000	29.280.000
1903	7.650.000	21.250.000
1906	1.100.000	2.255.000
1910	1.000.000	3.000.000
1910	8.750.000	32.800.000
1911	3.680.000	7.380.000
1911	1.200.000	4.300.000
1913	10.670.000	33.000.000
1914	15.000.000	62.250.000
1922	8.284.500	29.250.000
1927	8.093.750	25.812.500

No total, em libras esterlinas, tomamos, entre 1893 e 1927, em torno de 93 milhões em empréstimos e pagamos em torno de 305 milhões (entre juros e amortizações).

Em francos franceses os empréstimos em milhões foram os seguintes:

Ano	Empréstimo	Pagamento
1909	100.000.000	350.000.000
1909	40.000.000	140.000.000
1910	100.000.000	300.000.000
1911	60.000.000	194.400.000
1916	25.000.000	50.000.000

Portanto, em francos franceses, tomamos no total, entre 1909 e 1916, 325 milhões em empréstimos e pagamos em torno de 1.034.400.000.

Em dólares americanos os empréstimos em milhões foram os seguintes:

Ano	Empréstimo	Pagamento
1921	45.000.000	130.000.000
1922	22.500.000	77.500.000
1926	54.000.000	177.000.000
1927	38.387.500	122.425.000

Assim, em dólares americanos, tomamos no total, entre 1921 e 1927, em torno de 139 milhões em empréstimos e pagamos cerca de 500 milhões.[89]

Mesmo diante desse universo de endividamento do Estado para bancar os mecanismos de proteção da oligarquia, a produção do café não cedeu; pelo contrário, em função dos estímulos financeiros que recebia, a plantação e a colheita cresceram fortemente entre 1925 e 1929: algo em torno de espantosos 100%. O problema era que:

"... enquanto aumenta dessa forma a produção mantêm-se praticamente estabilizadas as exportações [...]. A retenção da oferta possibilitava a manutenção de elevados preços no mercado internacional. Esses preços elevados se traduziam numa alta taxa de lucratividade para os produtores, e estes continuavam a intervir em novas plantações [...]. A única forma de evitar enormes prejuízos para os produtores e para o país exportador era evitar – retirando do mercado parte da produção – que a oferta se elevasse acima daquele nível que exigia a procura para manter um consumo mais ou menos estável a curto prazo [...]. Era perfeitamente óbvio que os estoques que se estavam acumulando não tinham nenhuma possibilidade de ser utilizados economicamente num futuro previsível. Mesmo que a economia mundial lograsse evitar nova depressão, após a grande expansão dos anos 1920, não havia nenhuma porta pela qual se pudesse antever a saída daqueles estoques, pois a capacidade produtiva continuava a aumentar. A situação que se criara era, destarte, absolutamente insustentável".[90]

O esforço persistente do Estado em manter os preços do café em alta fazia a economia seguir por um caminho sem volta, sobretudo porque o mercado internacional já não respondia como antes, estava retraído. Ao manter artificialmente todas as condições para que não emergisse o desequilíbrio que havia entre oferta e procura, o rombo, o déficit e a dívida pública se aprofundavam a cada ano, a cada empréstimo, a cada safra, em uma espécie de suicídio gradual.

Mesmo notoriamente insustentável e diante de um colapso cada vez mais iminente, a irresponsabilidade com o dinheiro público era admirável. A verdade é que, enquanto o Estado estivesse bancando tudo, os lucros fossem altos e as perdas e riscos, inexistentes, quem iria se arriscar em outra cultura, em outro produto que não o café?

Com essas mordomias todas, as plantações só aumentavam e, em 1927-1928 chegaram à produção máxima, em nível jamais visto. Em 1929, no entanto, o que parecia ser impossível – na visão estreita da oligarquia – aconteceu. A crise de 1929 afetou de maneira devastadora o Brasil de duas formas: primeiro, reduzindo drasticamente as exportações do café, o que era um desastre, já que, na falta de diversificação econômica, o Brasil era o café; e, segundo, eliminando qualquer possibilidade de empréstimo no exterior. A consequência imediata da impossibilidade de se obter empréstimos era que não seria mais possível ao Estado manter a retenção do estoque do café proveniente das supersafras. Em outras palavras, a farra das riquezas subsidiadas havia chegado ao fim.

Desse modo, diante da morte anunciada:

"... os pontos básicos do problema que cabia equacionar eram os seguintes: a) o que mais convinha, colher o café ou deixá-lo apodrecer nos arbustos, abandonando parte das plantações como uma fábrica cujas portas se fecham durante a crise?; b) caso se decidisse colher o café, que destino deveria dar-se ao mesmo: forçar o mercado mundial, retê-lo em estoques ou destruí-lo?; c) caso se decidisse estocar ou destruir o produto, como financiar essa operação? Isto é, sobre quem recairia a carga, caso fosse colhido o café? A solução que à primeira vista pareceria mais racional consistia em abandonar os cafezais. Entretanto, o problema consistia menos em saber o que fazer com o café do que decidir quem pagaria pela perda. Colhido ou não, a perda existia. Abandonar os cafezais sem dar nenhuma indenização aos produtores significava fazer recair sobre estes a perda maior".[91]

A única solução imediata encontrada pelo Estado para obter recursos de maneira a salvar a oligarquia em seu último suspiro foi o aumento dos impostos sobre importação. O Brasil dos anos 1920 importava quase tudo, não produzia quase nada. Desse modo, para financiar a retenção do estoque ou simplesmente a destruição dele, mais uma vez o Estado teria que dividir com o conjunto da sociedade o prejuízo da irresponsabilidade da oligarquia. Estima-se que o país tenha, no final dos anos 1920, queimado em torno de 70 milhões de sacas de café.

O resumo da ópera bufa é que, durante 40 anos, o aparelhamento do Estado e a política de beneficiamento explícito da oligarquia paulista relegaram o país ao atraso completo e a República a uma mera plutocracia.

Essa lógica que prevaleceu ao longo do período da Primeira República foi extremamente perversa e nefasta. A baixa diversificação econômica resultou numa concentração brutal da riqueza. A prodigalidade do Estado para com a oligarquia contrastava com a avareza do mesmo Estado para com o povo. Cada vez que o Estado agia em socorro ao estamento, penalizava brutalmente o povo.

Quando veio o dilúvio em 1929, com a quebra da bolsa de Nova York, o sistema das oligarquias ruiu, levando consigo o Estado à bancarrota. Se não fosse a quebra da bolsa, teríamos ficado assim *ad infinitum*. A crise de 1929 está para o fim da Primeira República no Brasil como a invasão de Portugal pelos exércitos de Napoleão, como vimos, está para o fim do sistema colonial e para a nossa independência. No Brasil, portanto, as mudanças ocorrem apenas por meio de um golpe de martelo que, vindo de fora e nos pegando de surpresa, estilhaça o ritmo modorrento do nosso espírito conservador, do nosso "eterno ontem", que, segundo Weber, é a principal característica dos domínios baseados na tradição. O problema é que, depois do dilúvio, o mundo que renasce é sempre igual ou pior do que o que havia acabado.

Desse modo, em 1930 éramos nós mais uma vez começando do zero. Era o Brasil começando de novo.

II
UMA INDUSTRIALIZAÇÃO QUE SE PARIU A FÓRCEPS

A crise de 1929 mudou os rumos da economia brasileira. Foi preciso que uma crise externa de dimensões inimagináveis surgisse para acabar com a farra das fortunas subsidiadas e frear a sangria do Estado provocada pelas políticas de proteção à plutocracia do café.

A derrocada dos Estados Unidos fez a economia brasileira entrar em tamanho colapso que levou inevitavelmente à Revolução de 1930, cujo principal objetivo era cessar a prática de socialização das perdas de rendimento das oligarquias. Nesse universo sombrio e em meio às cinzas da economia primário-exportadora que se esvaía ralo abaixo, surge um sopro de vida: a indústria, que vegetava, correndo como um rio subterrâneo, vai conseguir, só então, contar com uma conjuntura mais favorável. A queda das exportações impacta as importações e a escassez de produtos vindos do exterior cria a oportunidade de negócios para suprir a demanda interna. O processo de substituição dos produtos importados por genéricos nacionais, mesmo que mais ordinários, pois produzidos por uma indústria precária, vai dinamizar o setor industrial brasileiro.

O problema aqui, neste Brasil do improviso, é que se unem três aspectos extremamente frágeis: uma indústria que se viu obrigada às pressas a assumir o protagonismo na economia; um mercado consumidor precarizado pelas péssimas relações de trabalho e por baixos salários; e, comandando isso tudo, uma ditadura autoritária e populista. Essa é a forma *sui generis* que o Brasil resolve adotar para entrar – com quase 200 anos de atraso – no universo da Revolução Industrial.

Até os anos 1930, é a acumulação de capital oriunda da exportação do café que movimenta a indústria e o comércio locais; ela é o centro dinâmico da economia. Qualquer oscilação de humor no mercado externo provocava de imediato uma reação em cadeia no Brasil que contaminava a todos. A recessão enorme de 1929 deixa na economia brasileira um vazio total, que será apenas relativamente preenchido pelo setor interno, obrigado, num átimo, a assumir a demanda de tudo. Essa produção interna passa, de uma hora para outra, a ser o centro dinâmico da economia. Mas a pergunta a se fazer é: como, se a indústria nacional vinha amargando décadas de precariedade, de abandono, de negligência e até mesmo, pode-se dizer, de boicote?

Não havia ainda uma burguesia industrial em condições de formar, com os novos detentores do poder, o estamento para assumir o poder e o controle do Estado. Nesse vácuo é que entram em ação a figura populista de Getúlio Vargas e o Estado totalitário como agentes do desenvolvimento econômico, como agentes da modernização.

Não que a indústria tivesse surgido do nada em 1930; comparando os censos de 1907 e 1920, percebemos que havia o desenvolvimento de uma economia industrial que, no entanto, ficava sempre em segundo plano, preterida pelas políticas do Estado que beneficiavam e prestigiavam sobretudo a oligarquia do café. Vimos que, em 1907, tínhamos no país 3.528 estabelecimentos industriais e comerciais, e em 1920 já tínhamos 13.490, ou seja, a industrialização era, sim, um rio que corria de forma subterrânea apenas aguardando o momento certo de chegar à superfície.

Os números da arrecadação de impostos sobre o consumo também denunciam o avanço da industrialização. Em 1910, representava para a receita do Estado 10,5%; em 1917 já respondia por 23%. Nesse mesmo período a participação dos produtos importados no consumo nacional caiu de 54% para 37%, retraimento que indica claramente uma mudança significativa no comportamento do consumidor, que passou a adquirir mais mercadorias produzidas no Brasil devido à diversificação da produção no país em substituição aos importados.

A ascensão de uma sociedade industrial se deu, claro, de forma mais gradual do que o país podia esperar, e essa demora, o improviso de se ter que construir um mundo inteiro em sete dias, teve como razões principais a extrema "inferiorização socioeconômica de suas classes trabalhadoras e populares e os baixos padrões tanto culturais como materiais e de consumo a que aquela situação e posição social as condena. E isto nos dá desde logo a medida de sua insuficiência como base e força propulsora eficiente do progresso industrial".[92]

Esse era um empecilho enorme para a emergência da indústria e do mercado interno. Era uma situação radicalmente oposta à "daqueles países onde o processo de industrialização partiu sobre a base de uma sociedade consumidora – que abrangia o conjunto da sociedade – e onde o mesmo processo de industrialização significou essencialmente um melhor aparelhamento e uma maior eficiência das atividades produtivas que atendiam àquele consumo. Por isso a indústria progrediu paralelamente e intimamente solidária com o crescimento geral para que ela poderosa e decisivamente contribuiu, e nele intimamente se integrou".[93]

Aqui, foi nefasto para o país o quase meio século em que ficou subjugado por um estamento completamente alheio a qualquer projeto econômico e de nação que não fosse o seu e que contrariava e condenava ao atraso o conjunto da sociedade.

Contingências estruturais meramente caprichosas fizeram com que no Brasil do início dos anos 1930 não se apresentassem "as circunstâncias próprias que em outros lugares, e em especial nos países pioneiros do moderno desenvolvimento industrial, promoveram a industrialização na base de um processo autopropulsor que lhes proporcionou e assegurou aquele processo. A indústria brasileira marchará canhestramente e por impulsos descontínuos e desordenados ao sabor de vicissitudes que lhe são estranhas".[94]

A esses antecedentes pode ser creditado também o surgimento de uma industrialização apenas porque foi obrigada a surgir subitamente, "mal-estruturada, de baixo nível tecnológico e financeiramente precária".[95] Na falta de agentes propulsores, não havia outra saída senão recorrer ao Estado e às empresas estrangeiras.

Todo esse processo se dá num intervalo de vinte anos, entre 1930 e 1950, e, à medida que esse mercado interno se expande, as "operações das empresas internacionais ganham importância crescente que lhes assegura posições cada vez mais fortes e poderosas no interior da economia brasileira [...]. E tirarão dela o melhor partido instalando-se nas melhores, mais lucrativas e estratégicas posições [...]. O núcleo dinâmico da indústria brasileira se constituirá em nada mais que uma constelação de filiais de empresas internacionais em cuja órbita girará quase tudo que a nossa indústria conta de mais expressivo".[96]

O nosso descaso histórico com a industrialização e em acompanhar os avanços tecnológicos dos países avançados do capitalismo central nos deixou em situação extremamente vulnerável. Incapazes de competir com as empresas internacionais, perdemos para elas o melhor da economia brasileira, negócios nos setores mais lucrativos e estratégicos e que geravam a maior rentabilidade do país. Até hoje essas empresas dominam nossa economia.

III

A REALIDADE DE CONCRETO ARMADO

O Brasil que surgiu a partir dos anos 1930, a despeito de todo o processo de industrialização, era um país extremamente precário e predominantemente rural. O grosso da industrialização veio de fora, processo para o qual em nada concorremos. Na década de 1940, dos 41 milhões de habitantes, apenas 31% moravam nas áreas urbanas. Com a crise de 1929, não havia na sociedade civil nenhuma força capaz de conduzir a reestruturação da economia no país. Isso dá a dimensão do problema, ou seja, havia um país inteiro para ser construído e realmente tudo o que se fez entre 1940 e 1950 no Brasil foi de iniciativa do Estado, que, capitalizado por empréstimos estrangeiros, assumiu a tarefa de conduzir as obras de infraestrutura que tinham como objetivo romper os gargalos que limitavam o processo de industrialização.

Era necessário prover o país de uma infraestrutura elementar em setores tais como energia elétrica, cuja produção e distribuição eram extremamente precárias; extração e transformação de minerais, sobretudo minério de ferro; de transportes, em que havia uma boa rede de vias férreas, mas eram necessárias rodovias; e, por fim, comunicações. Não tínhamos ainda, em 1930, nem o mínimo, o elementar para o desenvolvimento da industrialização no país. Em relação ao nível em que se encontrava o capitalismo internacional, o nosso atraso nos colocava em situação extremamente retardatária e, com toda essa adversidade – fruto do abandono e do descaso de que fomos vítimas nas primeiras décadas do século XX –, perdemos a grande oportunidade de nossa vida, pois nesse vácuo – que não nos foi possível preencher – é que vão se instalar no Brasil grandes empresas multinacionais em um mundo que, do ponto de vista comercial, já tinha cada centímetro disputado a tapa.

No século XIX, como vimos, o capital estrangeiro havia criado todas as condições para que a matéria-prima produzida no Brasil pudesse chegar até a Europa. Nos anos Getúlio Vargas e Juscelino Kubitschek, ou seja, entre as décadas de 1930 a 1950, era não só a infraestrutura do país que vinha sendo trabalhada, mas também, e principalmente, toda uma indústria de base foi planejada para servir de suporte e possibilitar a implantação de grandes indústrias multinacionais no Brasil.

Dessa forma, o Estado criou, só para a produção de aço, três usinas, a Companhia Siderúrgica Nacional, a Cosipa e a Usiminas; para o refino de petróleo, a Petrobras; para a produção e exportação de minério de ferro, a Companhia Vale do Rio Doce; para a produção de soda cáustica, a Companhia Nacional de Álcalis; para a produção de energia, as empresas Chesf e Furnas; a RFFSA – Rede Ferroviária Federal S/A – para o transporte ferroviário e modernizou a Rede Ferroviária Federal; investiu ainda na navegação de cabotagem, com a construção de portos, a reforma administrativa e a modernização da frota da maior companhia de marinha mercante do Brasil, Lloyd Brasileiro, que se encontrava bastante deteriorada, e decidiu assumir a Companhia Nacional de Navegação Costeira; e, enfim, para a menina dos olhos do desenvolvimentismo, que era a construção de novas estradas e rodovias, criou o DNER e os DERs, responsáveis por gerir e utilizar os recursos do Fundo Rodoviário Nacional. O Estado foi também o grande agente financeiro por meio do Banco do Brasil.

Todo investimento do Estado foi no sentido de criar as melhores condições possíveis para que grandes empresas pudessem se instalar no país. As empresas nacionais nasceriam e ficariam apenas orbitando em torno dessas grandes empresas multinacionais, oferecendo, por exemplo, insumos secundários, de baixa complexidade tecnológica e de produção, que poderiam, por assim dizer, ser terceirizados pelas multinacionais. Todo esse desenvolvimento era financiado pelo Estado por meio do BNDE – Banco Nacional de Desenvolvimento Econômico –, fundado em 1952 por Getúlio Vargas.

Esse processo de expansão de multinacionais pelo mundo vai se ampliar fortemente com o fim da Segunda Guerra Mundial, quando as economias dos países estavam devastadas e a agressividade e a disputa pelo mercado internacional se acirraram. Os Estados Unidos vão investir pesadamente no Brasil para implantar aqui suas indústrias.

Na década de 1950, grandes montadoras de automóveis multinacionais abrem fábricas no Brasil, como a Ford e a General Motors, seguidas pelas alemãs Volkswagen e Mercedes-Benz. Além dessas, diversas empresas de vários outros setores – alimentício, químico etc. – se instalam no país.

O imenso incentivo à fabricação de automóveis da política desenvolvimentista de JK vai demandar um violento investimento em rodovias, integrando as principais cidades do país, centros industriais, centros consumidores, portos e, na esteira desse processo, ao contrário do que acontecia nos países do capitalismo central, onde rodovias e ferrovias convivem harmoniosamente e se complementam, vai substituir aos poucos as ferrovias – espalhados pelo país estavam mais de 25 mil quilômetros de linhas férreas –, que entrarão, em curto espaço de tempo, num ciclo irreversível de decadência, de tal forma que hoje a maioria se encontra desativada ou sucateada.

Até o ano de 1950, os meios de transporte mais utilizados no Brasil por passageiros e cargas eram o ferroviário e a navegação de cabotagem, que não demandavam produção de combustíveis em larga escala. Embora a Petrobras tivesse sido fundada em 1953, no governo Vargas, no final dos anos 1950 o Brasil ainda importava praticamente 100% do petróleo que consumia e, mesmo nos anos 1970, quando a empresa já operava havia duas décadas, a dependência do Brasil das importações era de cerca de 80% do consumo. Como se pode ver, qualquer ramo industrial que tencionasse se instalar no Brasil iria deparar, de um lado, com uma imensa e quase intransponível precariedade, mas, de outro, com um Estado extremamente disponível e pródigo em preparar toda a infraestrutura necessária.

Nesse processo de tudo preparar para a implementação e prosperidade das multinacionais, pelo menos uma empresa brasileira, que seria fundamental ao país se tivesse se desenvolvido plenamente, com todos os incentivos do Estado, foi deliberada e estrategicamente abandonada em favor das multinacionais: a FNM (Fábrica Nacional de Motores). Se essa fábrica tivesse sido levada a sério nos anos 1940-1960, o Brasil poderia ser hoje um grande exportador de automóveis. Não existe hoje um carro nacional. Fábricas asiáticas – da Coreia do Sul, por exemplo – que surgiram nos anos 1930-1940, concomitantemente ao surgimento da FNM, já nos anos 1960-1970 exportavam seus automóveis para o resto do mundo. Até a Índia tem suas montadoras – Mahindra, Tata Motors, Maruti. E nós, que possuímos certamente a maior reserva mundial de minério de ferro – matéria-prima fundamental para a produção do aço, que, por sua vez, é indispensável para a indústria automobilística – e que temos também um dos maiores mercados consumidores do mundo, perdemos, como sempre, o bonde da história. Decidimos abrigar apenas meras montadoras de automóveis estrangeiros em vez de desenvolvermos nossas próprias marcas, nossos próprios modelos, nossas próprias fábricas. O mal que essa opção dos governos JK e seguintes fizeram ao Brasil é incalculável. Em termos financeiros, esse mercado movimenta hoje no Brasil, por ano, cerca de R$ 150 bilhões apenas de forma direta, sem contar a inestimável fortuna produzida por fábricas que orbitam em torno desse setor.

Na busca por um desenvolvimento instantâneo – não por acaso, o lema de JK era 50 anos em 5 (haja improviso!) –, o Brasil abre suas portas, como nenhum outro país do mundo fez, para as fábricas estrangeiras. Esse aborto da indústria nacional em detrimento das estrangeiras vai ter o mesmo efeito perverso e devastador daquele maldito alvará assinado pela rainha louca no século XIX. A FNM é um exemplo, mas tantas outras – que poderiam ter sido projetadas e foram abortadas, e as poucas nacionais que prosperaram – foram relegadas a meras empresas extrativas de matéria-prima.

O governo JK, caracterizado pela forte atuação do Estado, reflete a tentativa de transformar o Brasil – a toque de caixa – dos anos 1950 em um país definitivamente urbano e industrial. O forte incentivo à indústria automobilística tem ainda outra face, que é o desenvolvimento da cultura das cidades. É nesse momento, diante de um ambiente tão pródigo em obras, que vai surgir o triunvirato do desenvolvimento brasileiro: Estado, empreiteiras e agentes públicos. JK já havia feito o ensaio geral dessa peça bufa em Belo Horizonte, quando em 1940 foi nomeado prefeito da cidade pelo interventor federal de Getúlio Vargas em Minas Gerais, Benedito Valadares. JK contratou para construir o conjunto da Pampulha – Iate Clube, Cassino, Casa de Baile e Capela – seu amigo de infância da cidade de Diamantina, o engenheiro Marco Paulo Rabello – fundador daquela que seria nos anos 1950 e 1960 a maior empreiteira do Brasil: a Construtora Rabello.

No Brasil dos anos 1950, dada a febre da modernização forçada, tudo se fazia assim, no improviso. Tudo contratado no fio do bigode, sem licitação, sem o menor controle, tudo definido por meio da influência pessoal, do personalismo. Desse modo, já na presidência, JK concede à Construtora Rabello a construção de Brasília. São dela as obras do Palácio da Alvorada, Palácio do Planalto, Palácio Jaburu, da Universidade de Brasília, Catedral Metropolitana, Rodoviária de Brasília, do Supremo Tribunal Federal e do Aeroporto. Além de Brasília, a Construtora Rabello também foi responsável por várias grandes obras no Brasil, em outras épocas, tais como, a rodovia Transamazônica, a rodovia Presidente Dutra, o Minhocão em São Paulo, a ponte Rio–Niterói, o Centro de Convenções do Anhembi, a rodovia Rio–Santos, a rodovia Castelo Branco.

Por essa época começaram a atuar no Brasil também, concorrendo com empreiteiras estrangeiras, as brasileiras Mendes Júnior, Andrade Gutierrez, Camargo Correa e Odebrecht. Em 1969, já no período da ditadura militar, foi assinado um decreto pelo presidente Arthur da Costa e Silva para proibir que empresas estrangeiras fizessem qualquer obra de infraestrutura no Brasil. A partir desse momento, o relacionamento entre empreiteiros, políticos e Estado, que era um namorinho de portão, transformou-se num casamento com direito a eterna lua de mel.

Essas obras, todas elas públicas, em sua maioria estradas, iam em direção ao projeto de nação inaugurado por Getúlio Vargas, que era preparar a infraestrutura do país. Por essas e por outras obras no exterior, a Construtora Rabello tornou-se, por um tempo, a maior empresa privada do Brasil e uma das maiores da América do Sul.

Sofremos do mal da intervenção estatal na economia como agente do desenvolvimento e da modernização. O Estado, que tudo provê, cria empresas e gere a economia em um modelo de capitalismo de Estado politicamente orientado. Os riscos dessa hipertrofia são, como sempre foi o caso no Brasil, o patrimonialismo e o populismo. O presidente passa a tratar as questões do Estado e da sociedade civil como se fossem suas, pessoais. Como se as obras, os investimentos, o desenvolvimento econômico fossem obra da pessoa, e não do Estado. O grande risco desse paternalismo é o agente – o presidente – achar que é figura imprescindível, que sem ele o país não existe, não viça. O caso de Vargas foi exemplar. Em 1937, ao mínimo sinal de que poderia não ser eleito para o mandato seguinte, ele dá um golpe de Estado e passa a governar o país ditatorialmente, durante o período conhecido como Estado Novo. Claro, partindo do pressuposto de que ninguém poderia fazer melhor do que ele, numa confusão clara entre público e privado.

Ainda hoje, lamentavelmente, padecemos desse mal na política brasileira.

IV
MODERNIZAÇÃO CONSERVADORA

Ao final dos anos 1950, era notável que o capitalismo no Brasil havia se desenvolvido de forma peculiar – aliás, como tudo no Brasil. O resultado dessa peculiaridade vai transparecer nos dados estatísticos, ou seja, no nível de desigualdade social e de desproporção na divisão da riqueza produzida pelo conjunto da sociedade.

Quando se vê o tamanho do investimento na infraestrutura do país, imagina-se que havíamos sido alçados, em poucas décadas, do inferno ao céu. Mas quando se analisa os recenseamentos, os anuários estatísticos, percebe-se que esse desenvolvimento ocorreu de fato, mas, como sempre, ficou extremamente concentrado. Havia, portanto, um gigantesco contraste entre o desenvolvimento econômico, conquistado por via de empréstimos caríssimos que o povo, a coletividade, pagava por meio dos seus impostos, e a realidade social, cultural, educacional e econômica do povo, que se mantinha extremamente precária. Caso típico de um país retardatário, onde o agente da modernização era o Estado e o capitalismo se implantou de forma extremamente selvagem.

Do primeiro censo de 1872 para o censo dos anos 1950, decorrido quase um século, percebe-se que a vida do povo não havia mudado quase nada. Há no Brasil, portanto, ritmos desconexos, descontínuos, de passagem do tempo. Em nenhum lugar do mundo se pode imaginar uma sociedade tão fragmentada a ponto de viver em tempos históricos diferentes. Nos anos 1950, só uma elite havia avançado no tempo e desfrutava os benefícios da modernização; o povo vivia como no século XVIII e, em algumas regiões, a situação era ainda mais grave: nada mudara desde os primórdios da colonização.

O mito dos anos dourados em todo o período chamado de democrático (1945-1964) é desmontado pelos censos do IBGE de 1940, 1950 e 1960, que revelam a verdadeira cara do Brasil, de um descompasso gigantesco.

De acordo com os dados dos anos 1950 em relação ao número de analfabetos, os números são os seguintes:

Região	Número de habitantes	Número de analfabetos
Norte	1.462.420	738.255
Nordeste	9.973.642	6.354.777
Sudeste	15.625.953	8.246.553
Sul	12.915.621	5.210.823
Centro-Oeste	1.258.679	745.082

Nas duas maiores cidades do país, o quadro era o seguinte: em São Paulo, dos 7.180.316 habitantes, 2.857.761 eram analfabetos; no Rio de Janeiro, dos 1.847.857 habitantes, 885.969 eram analfabetos.

Na década de 1940, das 9.098.791 unidades prediais e domiciliares no Brasil, 2.926.807 (32%) eram de alvenaria e 5.933.173 (65%), de madeira. O desenvolvimentismo de Juscelino Kubitschek se revelou um rotundo fracasso, pelo menos considerada a situação do povo. A cara do Brasil, portanto, infelizmente, não era a arquitetura modernista de concreto armado que Oscar Niemayer havia projetado para Belo Horizonte e Brasília. A grandiosidade dos edifícios públicos e a moderna arquitetura a eles inerente contrastavam com a realidade nua e crua, em que a maioria das casas era de madeira, mesmo nas capitais. A modernização do país ficou restrita à classe média alta; o povo estava completamente de fora, alijado de um processo para o qual, contudo, havia contribuído tanto, ou até mais, que todos os outros setores da sociedade.

Dos 1.994.823 prédios urbanos – habitados por 9.385.674 pessoas –, o quadro era o seguinte:

Possuíam energia elétrica	939.791
Possuíam água encanada	790.786
Possuíam instalação sanitária	819.770
Possuíam telefone	122.718
Possuíam rádio	398.738
Possuíam automóvel	50.317

O forte investimento na infraestrutura do país havia contemplado apenas as multinacionais estrangeiras.

Dos 6.256.735 prédios rurais – habitados por 28.517.420 pessoas –, o quadro era o seguinte:

Possuíam energia elétrica	131.953
Possuíam água encanada	67.269
Possuíam instalação sanitária	169.922
Possuíam telefone	10.323
Possuíam rádio	34.503
Possuíam automóvel	34.503[97]

O desenvolvimento do capitalismo no Brasil seguiu caminho contrário ao do capitalismo europeu. Lá as forças produtivas procuraram diminuir a presença do Estado e estabelecer relações de livre comércio e livre concorrência. O liberalismo foi, portanto, originalmente uma ideologia que lutou contra o absolutismo: "Os liberais defenderam a teoria do contrato social, afirmaram a soberania do povo e a supremacia da lei, e lutaram pela divisão de poderes e pelas formas representativas de governo. Para destruir os privilégios corporativos, converteram em direitos universais a liberdade, a igualdade perante a lei e o direito de propriedade. Aos regulamentos que inibiam o comércio e a produção opuseram a liberdade de comércio e de trabalho."[98]

No Brasil as forças progressistas surgiram em função do Estado, parasitas do Estado. Fizeram uma adaptação grotesca do liberalismo europeu. À medida que os liberais no Brasil, desde a monarquia, se tornavam a nova aristocracia, os direitos se converteram em privilégios e o aparelhamento do Estado se mostrou fundamental para o avanço de suas metas políticas e econômicas, nada mais.

Diante do quadro grotesco de desigualdade econômica que se verifica no interior da sociedade brasileira dos anos 1950, percebe-se, só então, que havia um efeito colateral gravíssimo no processo desenvolvimentista baseado na abertura do mercado para as empresas estrangeiras. Tal efeito era que essas empresas, claro, por estrangeiras que eram, remetiam seus lucros para seus países de origem. Este era o mal de se ter apenas preparado o terreno para que as grandes indústrias multinacionais se instalassem no país: a questão da remessa de lucros, dividendos e royalties para fora do país.

Em janeiro de 1952, percebendo as consequências nefastas desse efeito colateral, Getúlio Vargas – que havia vencido as eleições de 1950 e retornado ao poder em 1951 –, por meio do Decreto 30.613, toma uma atitude corajosa no sentido de limitar o percentual de envio de lucros para o estrangeiro a 8% (até então era permitido o envio de lucros da ordem de 20%). Eram tão graves as dificuldades em que o país havia se enfiado – envolviam tantos interesses estratégicos em um universo dominado pela Guerra Fria – que começam aí, sem dúvida, os problemas que levarão Getúlio Vargas ao suicídio em 1954.

Na carta-testamento que deixou, Vargas faz menção à pressão que vinha recebendo. Diz ele:

"Mais uma vez as forças e os interesses contra o povo coordenaram-se e novamente se desencadeiam sobre mim. Não me acusam, insultam; não me combatem, caluniam, e não me dão o direito de defesa. Precisam sufocar a minha voz e impedir a minha ação, para que eu não continue a defender, como sempre defendi, o povo e principalmente os humildes. Sigo o destino que me é imposto. Depois de decênios de domínio e espoliação dos grupos econômicos e financeiros internacionais, fiz-me chefe de uma revolução e venci. Iniciei o trabalho de libertação e instaurei o regime de liberdade social. Tive de renunciar. Voltei ao governo nos braços do povo. A campanha subterrânea dos grupos internacionais aliou-se à dos grupos nacionais revoltados contra o regime de garantia do trabalho. A lei de lucros extraordinários foi detida no Congresso. Contra a justiça da revisão do salário mínimo se desencadearam os ódios. Quis criar liberdade nacional na potencialização das nossas riquezas através da Petrobras e, mal começa esta a funcionar, a onda de agitação se avoluma. A Eletrobras foi obstaculizada até o desespero. Não querem que o trabalhador seja livre. Não querem que o povo seja independente. Assumi o Governo dentro da espiral inflacionária que destruía os valores do trabalho. Os lucros das empresas estrangeiras alcançavam até 500% ao ano. Nas declarações de valores do que importávamos existiam fraudes constatadas de mais de 100 milhões de dólares por ano."[99]

 A remessa de lucro das empresas aos seus países de origem era, claro, a razão de sua instalação no país. Essa remessa era uma espécie de lata que vinha amarrada no rabo do cachorro. A lata pertencia ao cachorro, assim como o cachorro à lata, um era o epíteto do outro, não havia como separá-los. Tanto que até hoje convivemos com esse efeito colateral, que se revelou, com os anos, mais grave do que a própria doença que se queria tratar e da qual, agora, tornara-se quase impossível se livrar.

 A questão fundamental do Brasil hoje é justamente a da baixa complexidade de suas indústrias, fruto da opção histórica por tomar atalhos no processo de desenvolvimento. Em um mundo que fabrica e consome mais e mais produtos de alto teor tecnológico, a carteira de exportação e até de produção para o mercado interno da indústria brasileira fica cada vez mais limitada. É preciso um projeto nacional que passe necessariamente por investimentos em educação e pesquisa científica para superar o atraso, a dependência e gerar desenvolvimento econômico e riqueza.

V
HAVERIA ALGUMA VANTAGEM NO ATRASO?

A questão é a seguinte: nesses trinta anos áureos da industrialização no Brasil (1930-1960), a vida das pessoas melhorou ou piorou, e até que ponto? Essa era a pergunta que os economistas do século XIX também se faziam sobre a Revolução Industrial na Inglaterra. Segundo Jeremy Bentham, "a felicidade era o objetivo das políticas de governo [...] deduzindo-se do prazer o sofrimento, o resultado líquido seria a felicidade. Somando-se a felicidade de todos os homens e deduzindo-se a infelicidade, o melhor governo seria o que garantisse a felicidade máxima do maior número de pessoas".[100]

Partindo do princípio de que, vivendo numa sociedade de produção e consumo de massa, "a felicidade individual consiste numa acumulação de tais bens de consumo"[101] e de que "a felicidade social consiste na maior acumulação possível de tais coisas – bens, serviços etc. – pelo maior número possível de indivíduos",[102] todos os aspectos estatísticos dos trinta anos compreendidos entre 1930 e 1960, como vimos, mostram que o resultado humano do desenvolvimento do Brasil havia deixado muito a desejar.

Esse descompasso será a lenha da fogueira que vai arder no início dos anos 1960. Vejamos.

Entre o início dos anos 1940 e o fim dos anos 1950, o forte incentivo à industrialização foi responsável por dois fenômenos correlatos. Primeiro, a urbanização e a migração da população do campo para a cidade, em busca de melhores condições de vida. Na história do Brasil, somente a partir dos anos 1960 a população urbana vai superar a rural. Segundo, o desenvolvimento do mercado interno e a dinamização da economia criam as condições para o surgimento de uma legião de trabalhadores assalariados que, organizada em sindicatos, ganha força e, no período de redemocratização do país, a partir de 1945, vai começar a pleitear a sua participação política justamente em busca do seu quinhão de felicidade.

No início dos anos 1960, passadas três décadas da Revolução de 1930, o Brasil começa a apresentar sinais de esgotamento do modelo desenvolvimentista. Não esgotamento econômico, mas esgotamento social e político. Havia, portanto, essa tensão no ar.

Na eleição de 1960, o vencedor é Jânio Quadros e, mais uma vez, João Goulart vence para vice-presidente. Na campanha presidencial de 1955, João Goulart havia obtido mais votos como candidato a vice do que JK, o candidato a presidente. Havia por parte dos trabalhadores um apreço e uma preferência explícitos por João Goulart – o mesmo fenômeno que, nos anos 1930, tinha ocorrido com Getúlio Vargas.

Depois de um tempo navegando em águas tranquilas no período JK, a figura de Jango, com suas ideias socialistas tão perto do poder, incomodava a elite econômica nacional e as multinacionais que operavam no Brasil.

À medida que o tempo passava, o incômodo aumentava. No dia 19 de agosto de 1961, Jânio Quadros condecorou com a Grã-Cruz da Ordem Nacional do Cruzeiro do Sul, numa atitude provocativa, ninguém mais ninguém menos que Che Guevara. Dois anos antes, em 1959, a Revolução Cubana havia implantado o comunismo em Cuba. Em plena Guerra Fria e depois de todos os investimentos que empresas e bancos dos Estados Unidos, Inglaterra, França e Alemanha haviam feito no Brasil, é claro que a aproximação ou a possibilidade de uma guinada ao comunismo apavorava a todos.

Seis meses após o encontro com Che Guevara, o mandato de Jânio Quadros rui e, em 25 de agosto de 1961, ele renuncia. Em 2 de setembro desse ano foi implantado o regime parlamentarista no Brasil, tendo como presidente da República João Goulart e, como primeiro-ministro, Tancredo Neves. Em janeiro de 1963, no entanto, por meio de um plebiscito, João Goulart consegue fazer passar a volta do modelo presidencialista e, com plenos poderes, parte para o ataque.

Uma das principais antipatias ao governo de João Goulart é a sua política em torno do antigo problema brasileiro do envio de lucros ao exterior. Jango, por meio da Lei 53.451, vai limitar as remessas de lucros a 10%. Unidas a essa atitude, contra Jango pesarão várias outras, bem mais extremadas e radicais, anunciadas no dia 13 de março de 1964 em um discurso na Central do Brasil (Rio de Janeiro). Eram elas a política de nacionalização das refinarias estrangeiras de petróleo que operavam no Brasil e a reforma agrária. O golpe militar do dia 31 de março de 1964 pôs fim à aventura comunista.

No Brasil, houve o confronto entre duas visões autoritárias nos anos 1960 – a de direita e a de esquerda – e a prevalência de uma delas, que se instaurou em 1964, sepultou o regime democrático e nos levou ao terceiro golpe militar em 75 anos. Segundo Sergio Buarque de Holanda, "se no terreno político e social os princípios do liberalismo têm sido [no Brasil] uma inútil e onerosa superfetação, não será pela experiência de outras elaborações engenhosas que nos encontraremos um dia com a nossa realidade".[103] O embate entre duas visões onerosas era sinal inequívoco de que o país chegara aos anos 1960 sem saber lidar com duas questões fundamentais que surgiram: de um lado, a industrialização e a opulência trazida pelo capitalismo industrial; de outro, o seu oposto: a pobreza, a violência e a miséria. Não soubemos equacionar a velha fórmula de Bentham.

No início do século XX, o sociólogo americano Thorstein Veblen, comparando a situação de países desenvolvidos e subdesenvolvidos ao redor do mundo, esboçou uma teoria curiosa: a teoria das vantagens do atraso. Veblen via certa vantagem no atraso de países subdesenvolvidos em relação aos desenvolvidos no sentido de que podiam – a partir da experiência daqueles que haviam se desenvolvido – queimar as etapas que não deram certo e, assim, chegar mais rápido aonde os países de ponta chegaram.

Embora cada país tenha seu ritmo próprio de desenvolvimento, existem algumas etapas historicamente observadas no desenvolvimento do capitalismo que seguem relativamente o mesmo roteiro em todos os lugares e, dessa forma, seria possível a um país encurtar o caminho em direção à modernização por meio da passagem direta para outras etapas menos traumáticas.

Para resumir, era como se, numa mata fechada, aqueles que vão na frente abrissem o caminho e facilitassem, portanto, a vida daqueles que viriam depois. Uma nação poderia aprender com outra buscando, se não eliminar todos os percalços, pelo menos minorá-los. Na corrida entre as nações em busca do aprimoramento do sistema capitalista haveria uma vantagem, portanto, no atraso, pois este pouparia, por exemplo, os altos preços sociais e econômicos que surgem no caminho.

As agruras que o Brasil enfrentou no início dos anos 1960, dado o atraso de nosso processo de industrialização, foram as mesmas que a Inglaterra e outros países – guardadas as devidas proporções – haviam enfrentado no século XIX, nos primórdios da Revolução Industrial.

Na Inglaterra, o grande desafio do início da industrialização foi procurar uma saída para equalizar o binômio industrialização e produção de riqueza, de um lado, e industrialização e produção da pobreza, de outro. Essa formatação selvagem do capitalismo inglês foi alvo de protestos e críticas, a mais contundente delas vinda de Karl Marx, contemporâneo desse período turbulento pelo qual passava a Inglaterra e que escreveu como resposta o livro *O capital*. A obra – uma das mais importantes do século XIX e que depois se tornaria a bíblia da luta contra o capitalismo no mundo – chamou a atenção para a ideia de que não existe capitalismo possível em sociedades estruturadas em classes – do ponto de vista social e econômico – tão antagonicamente divididas. Era ao mesmo tempo uma crítica e a proposição da solução para o problema.

Outros pensadores, também contemporâneos da Revolução Industrial, chamaram a atenção para o problema da pobreza, da exclusão social e da exploração do trabalho numa sociedade industrial em que o desemprego passou a ser um risco ao contrato social porque "nunca poderia haver escassez do poder de compra, pois o processo de produção capitalista é também o de geração de renda (salários, lucros), portanto fonte de financiamento da demanda [...]. Movimentos corretivos de salários garantiriam níveis de demanda permanente, nunca aquém da produção".[104]

O problema não era só inglês. No contexto europeu como um todo, o capitalismo teve de saber lidar com as contradições que surgiam no seu interior e encontrar resposta para elas.

São próprias do capitalismo a acumulação e a concentração de renda. O segredo das nações do capitalismo central para viverem sem convulsões sociais consiste em estabelecer mecanismos que regulem esse processo de concentração da riqueza. É o equilíbrio elementar sobre o qual devem se pautar as políticas econômicas dos governos. Na França da Revolução Francesa, por exemplo, havia o princípio de que "onde existe uma classe de homens sem subsistência, existe uma violação dos direitos da humanidade, porque o equilíbrio social é rompido".[105]

Ou seja, os problemas da pobreza e do desemprego em uma sociedade industrial que dependia cada vez mais do binômio produção e consumo passaram de uma questão meramente social para a qual eram direcionadas soluções assistencialistas (na Inglaterra, chegou-se a criar uma Lei dos Pobres – uma espécie de Bolsa Família) para uma questão econômica, que demandava, portanto, soluções econômicas.

A resposta estava na distribuição de renda por meio de salários compatíveis com um nível de vida digno e de justiça fiscal: quem ganhava mais contribuía mais para o estado de bem-estar social geral. Bons salários eram, inclusive, a própria condição da existência e do desenvolvimento do capitalismo, pois são eles – os salários dignos – que determinam a pujança do mercado interno. Não há hoje um único país do capitalismo central que não tenha realizado essa equação entre justiça fiscal e salários compatíveis com um nível de vida digno. Por um motivo muito simples: sem essa distribuição mínima da riqueza produzida pelo conjunto da sociedade, ela entra em desequilíbrio, em colapso. Justiça fiscal e salários que ofereçam uma vida digna ao trabalhador são condições para civilizar as relações sociais e de trabalho dentro do sistema capitalista.

No Brasil, fechamos sistematicamente os olhos a essa verdade singela.

VI
AS DESVANTAGENS DO ATRASO

A partir do golpe de 1964 e durante todo o período militar, ocorreu o chamado milagre econômico brasileiro, um desenvolvimento sem precedentes na história do país. As vozes dissonantes todas caladas, o sentimento de segurança generalizado e o apoio e incentivo do Estado permitiram que as elites industriais investissem sem medo.

Desse modo, entre 1968 e 1973, o PIB do Brasil cresceu em números nunca vistos, na média de 11% ao ano. Tal milagre só foi possível, no entanto, pelo endurecimento progressivo do regime militar e a segurança que isso representou para investidores nacionais e internacionais. Afastados os fantasmas do comunismo e do populismo, investidores estrangeiros injetaram bilhões de dólares no Brasil. A grande indústria automobilística investiu em fábricas e, com o incentivo do governo concedendo crédito aos consumidores – sobretudo os da classe média, pois a grande massa de assalariados estava excluída do processo –, cresceu em média 30% ao ano.

Mas toda essa prosperidade econômica se deu em um clima sociopolítico falso, mantido artificialmente, com base na violência e no autoritarismo. Uma sociedade que vive permanentemente nessa condição de calma, de paz, não existe: ou tem um povo que vive sob regimes repressivos ou que vive em condições deploráveis de educação e cultura e, consequentemente, é incapaz de tomar consciência dos problemas sociais e econômicos que o afetam.

Fato é que, excluídas as condições normais nos anos 1970, que era o direito à divergência de opinião, devido a forte repressão às expressões contraditórias imposta pela ditadura e com risco zero, a economia se expande vertiginosamente. No entanto, das quinhentas maiores empresas que operavam no Brasil, 71 eram americanas; 22, alemãs; 11 eram holandesas; 11, italianas; e 9, inglesas. As multinacionais detinham mais de 50% das vendas e o ranking do faturamento era o seguinte: das 10 empresas que mais faturavam no Brasil, apenas 2 eram brasileiras.

Desse modo, o milagre econômico atingido durante a ditadura militar seguiu o padrão brasileiro de modernização: excludente. Não soube estabelecer aquela regra básica das sociedades organizadas, que, como vimos, é a criação de mecanismos de distribuição da riqueza quando a concentração se torna absurda. De arautos do moralismo, da justiça e do desenvolvimento, os militares não passaram de um instrumento nas mãos da elite econômica – do seu estamento – para manter intactos seus interesses e privilégios, que viram ameaçados pelo governo de João Goulart.

Em meio ao furor do milagre econômico, os dados estatísticos dos anos 1970 e 1980 mostram a realidade de um país completamente desigual. Sempre foi assim: por mais que se quisesse pintar o país com cores desenvolvidas e civilizadas, os números eram sempre implacáveis. Frios, eles navegaram contra a corrente no período monárquico, como mostra o censo de 1872; navegaram contra a corrente no período republicano, como indicam os censos dos anos 1950 e 1960; e mais uma vez navegaram contra a corrente no período da ditadura, como demonstrado pelos censos de 1970 e 1980.

Vejamos.

Os censos de 1970-1980 revelam que éramos uma população de 120 milhões de habitantes. Desses, 80 milhões moravam nas cidades e 40 milhões, nas áreas rurais. Éramos 35 milhões de analfabetos e, da população economicamente ativa, 41 milhões não tinham nenhum rendimento e mais de 20 milhões ganhavam até um salário mínimo.

Havia no país cerca de 17 milhões de moradias, onde residiam 89 milhões de pessoas: 9 milhões de moradias em regiões urbanas – sendo que, destas, 1,3 milhão era de madeira –, onde habitavam 48 milhões de pessoas; 7 milhões de moradias em regiões rurais – sendo que, destas, 3 milhões eram de madeira –, nas quais residiam 39 milhões de pessoas.

Nas áreas urbanas, dos 9 milhões de moradias:

Possuíam água encanada	5.000.000
Possuíam instalações sanitárias	2.200.000
Possuíam fogão à lenha	1.900.000
Possuíam energia elétrica	7.500.000
Possuíam rádio	7.000.000
Possuíam geladeira	4.200.000
Possuíam televisão	4.000.000
Possuíam automóvel	3.000.000

Nas áreas rurais, das 7 milhões de moradias:

Possuíam água encanada	191.000
Possuíam instalações sanitárias	27.000
Possuíam fogão à lenha	5.800.000
Possuíam energia elétrica	612.000
Possuíam rádio	2.900.000
Possuíam geladeira	232.000
Possuíam televisão	116.000
Possuíam automóvel	187.000

Separados os dados por região, portanto, a realidade se afigurava assustadora.

Quanto ao número de imóveis rústicos ou de madeira, a realidade era a seguinte:

Região	Total de imóveis	Imóveis de madeira
Norte	500.000	327.000
Nordeste	5.000.000	2.000.000
Sudeste	9.000.000	1.200.000
Sul	3.000.000	600.000
Centro-Oeste	900.000	370.000

Quanto aos quesitos água encanada, iluminação elétrica, instalações sanitárias, fogão à lenha, rádio, geladeira, televisão e automóvel, a situação por região era a seguinte:

Dos 500 mil imóveis da região Norte:

Possuíam água encanada	112.000
Possuíam Iluminação elétrica	159.000
Possuíam instalações sanitárias	9.000
Possuíam fogão à lenha	265.000
Possuíam rádio	264.000
Possuíam geladeira	87.000
Possuíam televisão	50.000
Possuíam automóvel	14.000

Na região Nordeste, dos 5 milhões de imóveis:

Possuíam água encanada	636.000
Possuíam Iluminação elétrica	1.200.000
Possuíam instalações sanitárias	118.000
Possuíam fogão à lenha	2.500.000
Possuíam rádio	1.700.000

Possuíam geladeira	473.000
Possuíam televisão	323.000
Possuíam automóvel	151.000

No Sudeste, dos 9 milhões de imóveis:

Possuíam água encanada	4.000.000
Possuíam Iluminação elétrica	5.400.000
Possuíam instalações sanitárias	1.900.000
Possuíam fogão à lenha	2.500.000
Possuíam rádio	5.700.000
Possuíam geladeira	3.150.000
Possuíam televisão	3.200.000
Possuíam automóvel	1.000.000

No Sul do país, dos 3 milhões de imóveis:

Possuíam água encanada	779.000
Possuíam Iluminação elétrica	1.300.000
Possuíam instalações sanitárias	224.000
Possuíam fogão à lenha	2.000.000
Possuíam rádio	2.200.000
Possuíam geladeira	758.000
Possuíam televisão	564.000
Possuíam automóvel	333.000

Dentre os 900 mil imóveis da região Centro-Oeste:

Possuíam água encanada	182.000
Possuíam Iluminação elétrica	261.000
Possuíam instalações sanitárias	118.000
Possuíam fogão à lenha	615.000
Possuíam rádio	447.000
Possuíam geladeira	123.000
Possuíam televisão	100.000
Possuíam automóvel	61.000

Esses dados contrastavam de forma gritante com o maior PIB (Produto Interno Bruto, que é a soma de toda a riqueza produzida no país) da história do Brasil, que, no ano de 1970, teve mais de 10% de crescimento.

Toda a riqueza que se produziu ao longo do século XX ficou extremamente concentrada e, pelo baixo nível de consumo das famílias – basta vermos o reduzidíssimo número de eletrodomésticos como geladeira e rádio –, percebe-se quão frágil era também o mercado interno.

Essa sequência de censos em momentos diferentes da história do país reportou sempre a mesma realidade, ou seja, a da inexistência ou da invisibilidade do povo. Os censos sempre desmascaram a história. Na do Brasil não existe a sequência conhecida em todo livro de história, que é a seguinte: trabalho escravo e economia primário-exportadora no final do século XIX e século XX, mundo urbano, industrialização e trabalho assalariado. A verdade é que sempre avançamos contemporizando dois Brasis: um que realmente se modernizava, que era urbano, industrial e usufruía os benefícios da modernidade; e outro que permanecia arcaico e, portanto, distante dos benefícios da modernidade.

Divididos dessa forma, não éramos nem uma coisa nem outra: o Brasil sempre foi, e ainda é, dois mundos em um só.

Porém, em meio a esse quadro sombrio, a euforia com a redemocratização do país no início dos anos 1980 abriu novos horizontes. Restava saber que tipo de sociedade a abertura política traria: unida em torno de um objetivo comum ou dividida de acordo com interesses setoriais e de classes? Como sabemos, diante da gana de cada um dos lados de tomar ou se manter no poder, não nasceu a união do país; pelo contrário, surgiu a divisão.

Divididos, não construímos, mais uma vez, um projeto de nação.

TERCEIRA PARTE

Da redemocratização até 2017: Quando o furacão de um Estado patrimonialista varreu nossa História mais uma vez

I
ABERTURA POLÍTICA

Quem poderia imaginar que a primeira eleição no Brasil – passados trinta anos desde a última, em 1960 – ia acabar em um processo de impeachment? Foi um sinal inequívoco de que a redemocratização se fez sob o signo da ansiedade, do improviso, do atropelo, do desencontro. Desencontro é a palavra que define o motivo de a eleição de 1989 ter desembocado numa experiência frustrada.

Vejamos por quê.

Democratizado, o país ia precisar de uma nova constituição – era a sétima em 160 anos, desde a independência, em 1822: média de uma a cada 22 anos. Os Estados Unidos têm, desde sua independência, uma só, escrita em 1787. A Inglaterra nem sequer formalizou uma constituição até hoje; nunca precisou transcrever para o papel os princípios básicos do convívio social, que para os ingleses é um imperativo categórico. Segundo o filósofo alemão Immanuel Kant, imperativo categórico corresponde ao dever de cada pessoa de agir de acordo com princípios que deveriam ser seguidos por todos. Já no Brasil, haja improviso, haja inconstância, haja imprevidência, haja falta de capacidade para organizar uma nação.

Com a constituição de 1988, o Brasil começava de novo. Contudo, a prolixidade do texto fez com que ela não passasse, em regra, de:

"... escritos semânticos ou nominais sem correspondência com o mundo que regem [...]. Edifica-se nas nuvens, sem contar com a reação dos fatos, para que da lei ou do plano saia o homem, tal como no laboratório de Fausto, o qual, apesar do seu artificialismo, atende à modernização e ao desenvolvimento do país. A vida social será antecipada pelas reformas legislativas, esteticamente sedutoras, assim como a atividade econômica será criada a partir do esquema, do papel para a realidade. Caminho este antagônico ao pragmatismo político, ao florescimento espontâneo da árvore. Política silogística, chamou-a Joaquim Nabuco. É pura arte de construção no vácuo. A base são teses, e não fatos; o material, ideias, e não homens; a situação, o mundo, e não o país; os habitantes, as gerações futuras, e não as atuais".[106]

Essa vida social que se procura antecipar no papel aparece claramente nos capítulos sobre direitos individuais e sociais, que, na teoria, seriam a representação de um mundo praticamente perfeito. Declaram, por exemplo, os artigos sexto e sétimo que:

"... são direitos sociais a educação, a saúde, a alimentação, o trabalho, a moradia, o transporte, o lazer, a segurança, a previdência social, a proteção à maternidade e à infância, a assistência aos desamparados, na forma desta Constituição [...]. Institui o salário mínimo, fixado em lei, nacionalmente unificado, capaz de atender a suas necessidades vitais básicas e às de sua família com moradia, alimentação, educação, saúde, lazer, vestuário, higiene, transporte e previdência social, com reajustes periódicos que lhe preservem o poder aquisitivo, sendo vedada sua vinculação para qualquer fim".[107]

Esses direitos sociais eram, no fundo, apenas um subterfúgio para tingir o país com cores civilizadas. Eram tão descaradamente alegóricos que nunca saíram do papel. As violações cotidianas dessas garantias constitucionais tornam a carta magna uma peça de ficção. Péssimas condições na oferta de ensino fundamental, precariedade total na saúde pública, no transporte e na segurança. Mas, dessas, a ficção maior é a do salário mínimo e da expectativa de sua abrangência em termos de poder aquisitivo. O salário mínimo jamais teve o poder aquisitivo determinado pela constituição, capaz de prover o que dele se esperava: moradia, alimentação, educação, saúde, lazer, vestuário, higiene, transporte e previdência social. Se o assalariado não era capaz de adquirir o básico, como pensar na construção de um mercado interno de massa, consubstanciado no binômio produção e consumo?

O Dieese (Departamento Intersindical de Estatística e Estudos Socioeconômicos) tem, entre seus estudos, uma projeção entre o salário nominal e o salário que seria realmente necessário para prover as determinações da constituição. Vamos comparar o mês de dezembro de cada ano desde 1994, quando foi implantado o Plano Real, para ver a evolução do salário:

Ano	Salário mínimo nominal	Salário mínimo necessário
1994	R$ 70,00	R$ 728,90
1995	R$ 100,00	R$ 763,09
1996	R$ 112,00	R$ 778,27
1997	R$ 120,00	R$ 887,00
1998	R$ 130,00	R$ 857,00
1999	R$ 136,00	R$ 940,00
2000	R$ 151,00	R$ 1.000,00
2001	R$ 180,00	R$ 1.100,00
2002	R$ 200,00	R$ 1.378,00
2003	R$ 240,00	R$ 1.420,00
2004	R$ 260,00	R$ 1.468,00
2005	R$ 300,00	R$ 1.307,00
2006	R$ 350,00	R$ 1.564,00
2007	R$ 380,00	R$ 1.803,00
2008	R$ 415,00	R$ 2.141,00
2009	R$ 465,00	R$ 1.995,00
2010	R$ 510,00	R$ 2.227,00
2011	R$ 545,00	R$ 2.329,00
2012	R$ 622,00	R$ 2.329,00

2013	R$ 678,00	R$ 2.765,00
2014	R$ 724,00	R$ 2.975,00
2015	R$ 788,00	R$ 3.518,00
2016	R$ 880,00	R$ 3.856,00
2017	R$ 937,00	R$ 3.673,00

Percebe-se que existe sempre um abismo entre o ideal e o concreto. O lento ganho real que o salário acumula ao longo dos anos, às vezes décadas, infelizmente é interrompido – e, muitas vezes, até anulado – pelas crises econômicas sucessivas, como a que atingiu o país a partir de 2015. Pode-se dizer que, nesta desproporcionalidade, está uma das chaves do nosso atraso, do nosso subdesenvolvimento, e talvez a causa primária da lenta agonia do nosso capitalismo.

Contudo o pulo do gato da Constituição de 1988, no qual todos estavam de olho, era outro capítulo: os direitos políticos. Suspensos desde 1964, eles instituiriam as eleições diretas para presidente, governadores, senadores, deputados, prefeitos, vereadores. Era a oportunidade esperada havia mais de vinte anos e que abriria as portas para o aparelhamento do Estado a políticos e empresários.

Desde a independência, como vimos, existe uma relação direta entre governo e empresários, entre poder econômico e poder político. Os incentivos, os aportes, os subsídios, as concessões do governo sempre foram primordiais para o desenvolvimento do país, da modernização, da diversificação da economia, da industrialização etc. Sem os amplos benefícios concedidos pelos governos – estaduais e federal –, muitos impérios e fortunas no Brasil não se teriam viabilizado. No Brasil, desde os tempos primordiais, imperam o fisiologismo, o clientelismo, o estamento. A abertura política, depois de quase trinta anos de ditadura militar, e a redemocratização do país abriram a possibilidade de novos arranjos, de novos fisiologismos e de mudança no comando da política.

Mudança no comando da política, no Brasil, é sinônimo de geração de novas oportunidades no bilionário universo do setor público – suas obras, serviços e concessões – e, atrás delas estava uma nova elite que havia surgido nos anos 1980 e que não fazia parte daquela que aparelhou o Estado durante a ditadura militar. Desse modo, a eleição direta em 1989 significava uma grande porta que se abria para oportunidades de negócios, nada mais.

Só se esqueceram de avisar isso ao Collor, o primeiro presidente eleito pelo voto direto após a ditadura militar, em 1989.

O Plano Collor foi decisivo para a queda do presidente. Representou a mais drástica intervenção do Estado na economia da história do país, mas feita da forma inversa à que se vira até então: em vez de dar, de prover, o plano retirava, confiscava. Nele, foram tomadas medidas tributárias como "redução dos prazos de recolhimento e indexação de tributos, ampliação da tributação ou aumento de alíquotas e suspensão de todos os incentivos. Previa também uma grande tributação sobre operações financeiras com a aplicação das alíquotas do IOF (Imposto sobre Operações Financeiras) sobre as operações da Bolsa de Valores, compra e venda de ações, ouro e títulos em geral, além da própria caderneta de poupança".[108]

A medida mais polêmica e determinante para a queda do presidente foi: "Os depósitos de poupança, tanto de pessoas físicas quanto de jurídicas, poderão ser sacados uma única vez, até o limite de CR$ 50.000,00. A mesma regra para conta-corrente. O restante ficará bloqueado durante 18 meses."[109]

Atualizados, os 50 mil cruzeiros (o limite para saque) correspondiam, em outubro de 2017, a aproximadamente R$ 6.500,00. A grande massa de trabalhadores e da população em geral vivia com salário mínimo, não havia sobras; portanto, não havia poupança. Poupar ou deixar dinheiro na conta-corrente ou em aplicações financeiras era um luxo no Brasil dos anos 1990, em um cenário de hiperinflação. As medidas do Plano Collor atingiram diretamente a alta classe média e a burguesia brasileira.

Essa elite, sim, teve confiscados seu dinheiro particular e o dinheiro de suas empresas. A partir do início do Plano Collor, os ânimos ficaram exaltados no país. A elite, que apostara todas as suas fichas no candidato contra as incertezas e o medo da vitória de Lula, tinha agora suas expectativas frustradas.

É claro que também pesaram contra o presidente denúncias graves, como as que levaram à abertura da Comissão Parlamentar de Inquérito. Basicamente, as denúncias do irmão do presidente, Pedro Collor, orbitavam em torno da questão de o tesoureiro da campanha presidencial, PC Farias, ser uma espécie de intermediário entre o empresariado e o governo em um esquema de recebimento de propinas. Era o velho Brasil descendo a ladeira para lançar uma pá de cal no discurso do candidato que havia sido eleito justamente para combater privilégios.

O resultado desse desalinho é conhecido: no dia 1º de setembro de 1992, foi protocolado na Câmara dos Deputados o pedido de impeachment. Em 19 de setembro, a Câmara aprovou a abertura do processo e encaminhou o pedido ao Senado. No dia 1º de outubro, instaurou-se o processo. No dia 2 de outubro, Collor foi afastado da presidência, assumindo então seu vice, Itamar Franco. Em 29 de dezembro, quando se iniciou o julgamento no Senado, Collor, vendo-se na iminência de sofrer o impeachment, renunciou ao mandato na tentativa de evitar a cassação dos seus direitos políticos.

Segundo o historiador Marco Antonio Villa, um dos maiores problemas do presidente Collor foi seu isolamento. Ele não foi capaz de estabelecer uma relação harmônica e constitucional entre o Executivo e o Legislativo, que se comportavam como dois poderes paralelos, sem contato, sem diálogo.

Desse modo, "sendo o primeiro presidente eleito diretamente em 29 anos, Collor teve de experimentar as demandas reais e irreais dos brasileiros. Imaginava-se que a eleição permitiria solucionar os graves (e velhos) problemas nacionais, após o fracasso da Nova República. O voto agiria como elemento mágico. Ele próprio incorporou essa visão de mundo e, diversas vezes, ao longo de todo o mandato, recordou os 35 milhões de votos obtidos no segundo turno. Não atentou para os novos contrapesos criados pela Constituição de 1988 e para a distinta configuração da relação entre os poderes".[110]

Mesmo isolado em seu labirinto, "o governo Collor pôs em prática um ousado programa de privatizações, enfrentando um sólido paradigma, construído nos anos 1930, que associava o desenvolvimento do país à presença estatal na economia [...]. Desregulamentou diversos setores, verdadeiros cartórios, que havia décadas detinham privilégios [...]. Nesta combinação de modernidade e atraso a complexidade da tarefa de modernização do Brasil – rompendo paradigmas de décadas – estava acima das condições pessoais e políticas de Fernando Collor".[111]

É significativo que a primeira experiência democrática no Brasil tenha terminado em impeachment. Depois de mais de vinte anos de ditadura, a abertura política projetou no quadro da eleição um caleidoscópio de interesses que estavam adormecidos. Essa realidade pode ser vista na grande gama de matizes, completamente antagônicos, que se apresentaram por meio dos 22 candidatos.

O risco de que a primeira eleição não fosse bem-sucedida – diante do volume de anseios que haviam sido derrotados durante o processo de tomada do poder – era quase certo, como realmente ocorreu.

Mesmo frustrado num primeiro momento, contudo, o processo de redemocratização já tinha visto seu mais importante feito acontecer: a restituição dos direitos políticos. O impeachment de Collor foi apenas uma confusão, um tumulto, uma pedra no meio do caminho. Eliminada rapidamente, era hora de começar de novo.

Desse modo, a verdadeira passagem da ditadura militar para a democracia, do ponto de vista da elite do país, só se consumou com o governo de Fernando Henrique Cardoso e seu projeto de modernização do país, da economia e das instituições, seguindo os padrões internacionais do neoliberalismo.

II
SE NO PRINCÍPIO ERA SÓ UMA CONFUSÃO, AGORA É O CAOS

No dia 10 de abril de 2017, em depoimento à Operação Lava Jato, o empreiteiro Marcelo Odebrecht revelou ao Brasil a dimensão das perigosas relações entre políticos e empresários. Não era novidade para ninguém que a política no Brasil era um imenso mar de lama, mas a dimensão do problema surpreendeu a todos. Ele disse: "Eu não conheço nenhum político no Brasil que tenha conseguido fazer qualquer eleição sem caixa dois. O caixa dois era três quartos, o que eu estimo. Não existe ninguém no Brasil eleito sem caixa dois. O cara até pode dizer que não sabia, mas recebeu dinheiro do partido que era caixa dois. Não existe, não existe; era um círculo vicioso que se criou. Não tinha como. Não existe. O político que disser que não recebeu caixa dois está mentindo."[112]

Em outro trecho: "Essa questão de eu ser um grande doador, de eu ter esse valor, no fundo, é o quê? É também abrir portas. Apesar de não vir um pedido específico, é o que eu digo: toda relação empresarial com um político infelizmente era assim, especialmente quando se podia financiar, os empresários iam pedir. Por mais que eles pedissem pleitos legítimos, investimentos, obras, geração de empregos, no fundo, tudo o que você pedia, sendo legítimo ou não, gerava uma expectativa de retorno. Então, quanto maior a agenda que eu levava, mais criava expectativa de que eu iria doar tanto."[113]

Essas declarações abriram as portas para o inferno. O que era apenas uma maquiavélica e perversa confusão entre público e privado, que vinha acontecendo de forma recorrente ao longo de toda a história do país, tomou a dimensão de um ciclone, devastando, estragando e perturbando tudo.

A Odebrecht é apenas uma das empresas que fizeram das doações de campanha uma excelente oportunidade de negócio. Por baixo dessa espuma existe um oceano inteiro, abismal e obscuro. A relação de doadores de campanha entre 2002 e 2014 – somente dos que doaram na casa dos milhões de reais – é da ordem de mais de duzentas empresas. As expectativas naturais de contrapartidas que essas doações geravam eram naturalmente empréstimos do BNDES, aprovação de medidas provisórias do interesse dessas companhias, obtenção de obras estatais via licitações fraudulentas, mediação de conflitos entre as empresas e órgãos de fiscalização do governo, entre outras aberrações. Esse era o cardápio grotesco que estava à disposição dos *players* do estamento político brasileiro.

Desse modo, a política no Brasil sempre foi, antes de tudo, uma excelente oportunidade de negócios para agentes públicos e empresas. O produto era a negociação – a compra e venda – de atos administrativos; esse é um dos melhores e mais rentáveis negócios no Brasil. Não por acaso, facções se digladiam para tomar para si o controle do Estado. Fosse o Estado mínimo, que não tivesse nas mãos os melhores negócios do país, provavelmente faltariam candidatos e teríamos que escolher os políticos não por eleições, mas por sorteio. Ao escolhido ficaria a incumbência ou a obrigação de apenas administrar as garantias de liberdades individuais e da segurança coletiva nessa luta de todos contra todos. Afinal, não foi para isso que inventamos o Estado? Enquanto ele for a maior empresa do país, a mais pródiga, é claro que atrás dele, ávida para tomá-lo para si, estará toda uma legião de bandidos e usurpadores.

No Brasil, "sobre a sociedade, acima das classes, o aparelhamento político impera, rege e governa, em nome próprio, num círculo impermeável de comando. Essa camada muda e se renova, mas não representa a nação, senão que, forçada pela lei do tempo, substitui moços por velhos, aptos por inaptos, num processo que cunha e nobilita os recém-vindos, imprimindo-lhes os seus valores".[114] O fim da ditadura militar, a abertura política e a redemocratização do país abriram justamente uma porta imensa por meio da qual o estamento se renovou.

As eleições no Brasil oferecem para os eleitos – sobretudo nas eleições majoritárias – um campo imenso de dominação e de aparelhamento do Estado. A Presidência, sozinha, traz a reboque mais de 20 mil cargos comissionados espalhados por diversos órgãos da administração direta e indireta do governo: autarquias, estatais, fundações, agências reguladoras, entre outras. A título de comparação, nos Estados Unidos, são 4 mil cargos, 500 na Alemanha e na França e somente 300 na Inglaterra.

Muitas dessas instituições criadas pelo Estado brasileiro com caráter regulador, fiscalizador e de controle de setores importantes da economia são usadas para impor obstáculos e depois vender facilidades por meio da cobrança de propinas. Somando Executivo, Legislativo e Judiciário no Brasil, são mais de 350 mil cargos comissionados, que geram um custo mensal de R$ 3,5 bilhões aos cofres públicos e representam cerca de 35% da folha de pagamento do funcionalismo público.[115] A quase totalidade desses cargos – salvo raras exceções – é preenchida sem concurso público, ou seja, sem nenhum controle sobre habilidades e competências.

A eleição é, portanto, apenas o estágio inicial da dominação patrimonial que, por meio da formação desse exército de colaboradores, se "apropria das oportunidades econômicas, das concessões, dos cargos, numa confusão entre o setor público e o privado, que, com o aperfeiçoamento da estrutura, se extrema em competências fixas, com divisão de poderes".[116] Desse aparelhamento da máquina do Estado "se arma o capitalismo político, ou capitalismo politicamente orientado".

Desse modo, a redemocratização no Brasil seguiu um curso próprio, completamente excêntrico em relação às principais democracias do mundo, em que o Estado é a expressão dos desejos e anseios da coletividade. A democracia no Brasil, ao contrário, sempre foi um lamentável mal-entendido.

Havia, no entanto, ainda um pequeno detalhe que impedia, no processo de democratização, o livre trato entre empresários e políticos. Um detalhe que era uma muralha que, no fundo, defendia o Estado do aparelhamento: era proibida a doação de empresas para candidatos e partidos políticos nas eleições no Brasil.

A pressão para que essa lei fosse revogada – os empresários sabiam que os políticos no Brasil eram altamente venais e corruptíveis – foi crescendo ao longo do primeiro mandato do governo FHC, até que, em 30 de setembro de 1997, foi aprovada a Lei nº 9.504, que permitia a doação de empresas para campanhas políticas. Em seu art. 81, diz ela: "As doações e contribuições de pessoas jurídicas para campanhas eleitorais poderão ser feitas a partir do registro dos comitês financeiros dos partidos ou coligações." As doações para campanhas eleitorais a políticos e partidos se tornariam a forma universal de pagamento de propina, tudo travestido da legalidade que concede a lei eleitoral. A partir dessa lei, ficou mais fácil o trato entre empresas e políticos. Abriu-se um caminho enorme para o tão almejado aparelhamento do Estado. A lei se revelou tão nefasta que, em 2015, depois de virem a público os maiores escândalos de corrupção da humanidade, teve que ser revogada. Mas, enquanto vigorou, ela foi mais um empurrãozinho na abertura das portas do paraíso para as empresas e do inferno para o povo.

Essa possibilidade de que pessoas jurídicas realizassem doações a candidatos e partidos fez com que os valores investidos em eleições saltassem para cifras astronômicas, a ponto de as eleições brasileiras se tornarem das mais caras do mundo, custando, em média, R$ 30,00 por voto. No México, esse valor não passa de R$ 11,00; na Inglaterra, R$ 2,45; na Alemanha, R$ 7,00; e, na França, R$ 1,50. O dinheiro passou a ser tão determinante que relativizou a democracia: quem fosse beneficiário do maior apoio financeiro tinha mais chance de ser eleito. Não por acaso, em todas as seis eleições presidenciais que ocorreram no Brasil desde 1989, o candidato que declarou mais gastos terminou eleito.

A partir do final dos anos 1980 e início dos anos 1990, com a universalização do acesso à televisão, o Brasil foi se constituindo em uma grande cultura de massa. A televisão é até hoje – de acordo com pesquisa realizada pela Ancine (Agência Nacional do Cinema) – a principal forma de lazer de 81% dos brasileiros. Desse modo, a sociedade do espetáculo passou a ser fundamental para alavancar candidaturas e fabricar o consenso em torno de certos candidatos. Ninguém se elege por mérito de suas ideias ou por sua orientação ideológica: os candidatos usam o poder econômico para alavancar o carisma junto aos eleitores. Para isso, acionam a velha e infalível estratégia do ministro de propaganda do Terceiro Reich e marqueteiro pessoal de Hitler, Joseph Goebbels, para quem "uma mentira dita mil vezes se torna verdade". É na esteira dessa realidade que surge no Brasil a figura do marqueteiro como peça fundamental em campanhas políticas. Em delação à Operação Lava Jato, marqueteiros de campanhas alegaram ter recebido milhões em caixa dois no exterior; eles são, provavelmente, os destinatários de 50% dos custos das campanhas.

Segundo levantamento do Tribunal Superior Eleitoral (TSE), o custo das eleições subiu de R$ 792 milhões em 2002 para R$ 5 bilhões em 2014. Esse avanço atípico dos números mostra justamente como a voracidade de empresários e agentes públicos aumentou ao longo desse período. Obviamente, não foi por questões ideológicas que as doações chegaram a esse montante. Doar para campanhas políticas é um excelente investimento, que, a curtíssimo prazo, rende dividendos astronômicos. É essa, claro, a razão de existir dessas doações.

A introdução do financiamento de empresas no processo eleitoral brasileiro é a gênese do aparelhamento do Estado, que vai chegar às raias da loucura nas eleições de 2014 e será responsável pelo maior esquema de corrupção da história da humanidade.

Mas isso é só o início. Vejamos como tudo aconteceu.

III
DO VELHO CAPITALISMO DE ESTADO AO NOVO CAPITALISMO POLITICAMENTE ORIENTADO OU DO NOVO CAPITALISMO DE ESTADO AO VELHO CAPITALISMO POLITICAMENTE ORIENTADO?

De 1889 até 1990, passando pelos anos 1930, pelo Estado Novo, pelo período de redemocratização – com Getúlio e Juscelino – e pela ditadura militar, podemos perceber uma forte presença do Estado na economia. Em sua maior parte, essa presença se traduziu em obras de infraestrutura. O único projeto de nação que já deu certo no Brasil foi aquele que transformou desde sempre o país em um imenso canteiro de obras. Todo o esforço foi feito no sentido de viabilizar três tipos de negócio: ou para escoamento de nossas matérias-primas para exportação e sua logística reversa, ou seja, a recepção no Brasil de produtos industrializados; ou para implementação de empresas multinacionais e seu pleno desenvolvimento no Brasil; ou qualquer outro tipo de obra concebida apenas para gerar propinas astronômicas para agentes públicos e partidos políticos. Por outro lado, a infraestrutura básica de interesse do povo foi sempre colocada em segundo plano e se encontra até hoje profundamente sucateada, desde escolas até saneamento básico.

A partir de 1994, no primeiro mandato de FHC, é possível perceber, em pelo menos um aspecto, uma mudança sensível na atuação do Estado. A meta do novo governo era modernizar a economia brasileira e, com isso, atrair investimentos internacionais, além de dar fôlego substancial à indústria nacional e ao comércio, na esteira da estabilização e do crescimento econômico proporcionados pelo Plano Real.

O modelo neoliberal tem como princípio a liberdade total do mercado. Tal liberdade só seria possível no Brasil por meio da privatização de setores estratégicos e extremamente rentáveis que eram monopólio do Estado desde os anos 1930, como telecomunicações, energia elétrica, mineração, siderurgia, transportes, entre outros. Com participação mínima no setor produtivo do país, restaria ao Estado investir nas esferas essenciais para o bem-estar social, tais como educação, saúde, assistência social e segurança. Com o forte investimento do capital estrangeiro nas empresas privatizadas, o governo esperava, como consequência, a modernização desses setores que, nas mãos do Estado, sofriam obsolescência tecnológica em relação a seus congêneres em países desenvolvidos.

Foi como se o país assumisse sua incapacidade técnica e financeira em modernizar os setores que pretendia privatizar. A privatização – se não era o ideal – era o meio mais fácil e mais rápido de se chegar ao nível de modernização tecnológica já alcançado nos países desenvolvidos. Tratava-se – como nos 50 anos em 5 de JK – de uma tentativa de queimar etapas em direção a uma modernização para a qual não tínhamos feito nada de concreto. Foi um atalho polêmico, pois transferia para empresas estrangeiras setores não só estratégicos, mas extremamente lucrativos, porém era o que se podia fazer para tentar minorar o abismo que havia entre o Brasil e o mundo civilizado. Poderíamos, pelo menos, a partir dessas privatizações, observar no horizonte distante a poeira que os países desenvolvidos – que até então fugiam por completo da nossa visão – levantavam na grande corrida internacional do capitalismo industrial e do liberalismo econômico. É o preço que sempre pagamos, em todas as épocas da história do Brasil, pelo atraso, pela falta de compromisso com um projeto de nação.

A mudança, por exemplo, no setor de serviços de telefonia é emblemática. Se nos anos 1990 se tinha um sistema extremamente precário e caro, em menos de vinte anos a oferta de linhas telefônicas e internet praticamente se estendeu a todos. Sem a privatização, provavelmente o Estado não teria condições de universalizar o serviço e, sem as multinacionais, a empreitada não se realizaria, pois não havia no Brasil expertise para tanto.

O governo cuidou de criar uma série de agências reguladoras para fiscalizar a qualidade dos serviços prestados. Para planos de saúde, a ANS (Agência Nacional de Saúde Suplementar); para a telefonia, a Anatel (Agência Nacional de Telecomunicações); para petróleo, gás e combustíveis, a ANP (Agência Nacional do Petróleo); para a aviação civil, a Anac (Agência Nacional de Aviação Civil); para vigilância sanitária, a Anvisa (Agência Nacional de Vigilância Sanitária), entre outras.

Além de estabelecer as regras para o funcionamento dos vários setores privatizados, as agências deveriam controlar e fiscalizar a qualidade dos serviços prestados ao consumidor, mas, como vimos, aparelhadas por políticos, e não por quadros técnicos, transformaram-se em instrumentos de extorsão e de arrecadação de propinas.

Essas privatizações tinham também a intenção de eliminar um problema crônico no Brasil, que é a corrupção. A solução não era das melhores, pois era como se, para livrar-se de uma unha encravada, o médico recomendasse cortar o dedo. Porém as estatais brasileiras movimentavam bilhões em ativos e, evidentemente, exerciam um poder imenso sobre a economia. Seus diretores e dirigentes eram escolhidos por meio de indicações políticas, o que inevitavelmente gerava o apadrinhamento e as trocas de favores eleitorais, financeiros, pessoais etc. Em um universo tão propício, os casos de corrupção eram recorrentes e a solução foi mesmo – já que o problema havia se tornado irremediável – cortar o dedo.

Porém nem tudo foram perdas. Esperava-se que, uma vez privatizados, esses setores ativassem uma lei básica do mercado: a livre concorrência, que levaria a melhorias na qualidade e no preço dos serviços para o consumidor final. Esses objetivos realmente foram alcançados, mesmo que ainda muito distantes – tanto no preço como na qualidade – dos padrões dos países desenvolvidos.

Nesse sentido, nos mandatos de FHC, entre 1994 e 2002, mais de setenta empresas federais foram privatizadas, com destaque para os setores siderúrgico (oito empresas, entre elas a CSN – Companhia Siderúrgica

Nacional), petroquímico (27 empresas), elétrico (três), ferroviário (sete), portuário (duas), bancário (quatro) e de telecomunicações (seis empresas). Numa lógica quase surreal, todas as aquisições foram feitas com empréstimos do BNDES, ou seja, o Estado emprestou dinheiro – a juros bem abaixo dos praticados no mercado – para que grupos nacionais e, sobretudo, multinacionais estrangeiras comprassem suas empresas. Essa solução questionável foi mais um atrativo para despertar o interesse das companhias estrangeiras nas sucateadas estatais brasileiras.

Uma das grandes empresas brasileiras privatizadas – e que poderia ter feito toda a diferença para o Brasil – foi a Vale do Rio Doce, a maior mineradora do mundo. O Brasil é até hoje o maior exportador de minério de ferro do planeta. Minério de ferro é ouro para a indústria pesada pelo simples fato de que é com ele que se produz o aço, matéria-prima indispensável para as economias industrializadas. Nossa perda por continuarmos insistindo em ser uma nação primário-exportadora – porque o minério de ferro é uma commodity – é imensa. Basta compararmos o preço do minério de ferro e do aço no mercado internacional. O valor da tonelada do minério de ferro gira em torno de 41 dólares; em contrapartida, a tonelada do aço custa por volta de 480 dólares. Ou seja, transformando todo o nosso minério de ferro em aço, pode-se ter uma ideia de quanto o país lucraria com exportações.

Quase 50% do minério de ferro consumido na China, nosso maior importador, provém do Brasil. Não é por acaso que ela figura como maior exportador de aço do mundo, com 626 milhões de toneladas. Se metade desse aço é produzido com minério de ferro oriundo do Brasil, temos a seguinte equação: a China compra 30 bilhões anuais em minério de ferro do Brasil, agrega valor ao produto transformando-o em aço e obtém um lucro da ordem de 280 bilhões anuais. Nada mau. Vale lembrar que a China é hoje a segunda maior economia do mundo, enquanto o Brasil patina.

Toda essa produção escorre para fora do país por meio da imensa rede de ferrovias que interliga o Brasil – construída desde o século XIX, como vimos, para levar até os portos nossas matérias-primas, nossas commodities. Hoje no Brasil essa rede serve quase que exclusivamente para esse fim, em detrimento de todo o transporte interno de mercadorias, que se faz via estradas, aumentando assim significativamente o custo dos produtos para o consumidor final.

O aço produzido no Brasil a partir de nossas imensas jazidas de minério de ferro poderia ter nos alçado a outro patamar no universo da industrialização no mundo. É lamentável que tanta riqueza no país – o minério de ferro é apenas um entre tantos outros produtos que poderiam ser processados no Brasil – seja vendida *in natura* por simples falta de planejamento e investimento em educação para formação de engenheiros, técnicos e profissionais especializados na indústria de transformação. O gargalo da educação e da pesquisa científica no Brasil talvez seja um dos mais sérios empecilhos para o nosso desenvolvimento econômico.

Outro problema das privatizações é a questão antiga da remessa de lucros para fora do país, pois, como vimos, parte das empresas havia sido adquirida por multinacionais. Na tentativa de atrair empresas, o presidente Collor já havia reduzido a alíquota do imposto de renda de 25% para 15% sobre remessas. Depois, em 1995, FHC zera a alíquota por meio da Lei 9.249, no seu artigo 10, que diz que "os lucros ou dividendos calculados com base nos resultados apurados a partir do mês de janeiro de 1996, pagos ou creditados pelas pessoas jurídicas tributadas com base no lucro real, presumido ou arbitrado, não ficarão sujeitos à incidência do imposto de renda na fonte, nem integrarão a base de cálculo do imposto de renda do beneficiário, pessoa física ou jurídica, domiciliado no País ou no exterior".[117] Essa é uma lei devastadora, já que, com ela, acionistas tanto das empresas multinacionais como das nacionais ficam isentos de imposto sobre os dividendos distribuídos, produzindo um fiscalismo desigual – como veremos adiante – entre estes e o conjunto da sociedade. Trata-se de um caminho totalmente contrário àquele utilizado pelos países do capitalismo central para a descentralização da riqueza, do qual faz parte a justiça fiscal.

Ainda no final do século XIX e início do século XX, diversos países adotaram um imposto progressivo, com maior carga sobre aqueles que têm renda mais elevada: em 1870 na Dinamarca, em 1887 no Japão, em

1891 na Prússia, em 1903 na Suécia, em 1909 no Reino Unido, em 1913 nos EUA e em 1914 na França.[118]

E não era um imposto qualquer. À medida que a renda se concentrava, ele aumentava significativamente: "Na França em 1914 era de 2%, 50% em 1920, 60% em 1924 e até mesmo 72% em 1925; na Prússia, a taxa superior manteve-se totalmente estável em 3% de 1891 a 1914, em seguida passou para 4% de 1915 a 1918, antes de saltar para 40% em 1919-1920; nos EUA em 1919 a taxa foi alçada a 67% e depois 77%; no Reino Unido, a taxa aplicada às rendas mais elevadas era fixada em 8% em 1909, o que era um pouco alto para a época, mas também foi preciso esperar o fim da guerra para que ela ultrapassasse 40%."[119]

Cria-se assim, com essas concessões feitas para garantir a aplicação do capital estrangeiro no Brasil, o seguinte quadro: quanto mais permissivas, vantajosas e favoráveis para as empresas multinacionais as políticas – sobretudo fiscais – de um país ou de um Estado, mais as empresas investem na instalação de suas filiais. Claro, pois os empresários estão na busca constante de diminuir custos e dinamizar lucros. É esse o espírito do capitalismo; não podia ser diferente.

Esse expediente chegou às raias da loucura no Brasil a partir dos anos 1990, por meio de uma verdadeira guerra fiscal que se estabeleceu entre os estados da Federação em busca de atrair empresas oferecendo as maiores vantagens possíveis. Porém, há uma questão a se levar em conta: com um dos maiores mercados consumidores do mundo, até que ponto o país deve se submeter a essas práticas danosas para o conjunto da sociedade, no intuito de atrair investimento produtivo estrangeiro? Não estaríamos simplesmente subestimando esse aspecto valioso de nossa economia? A verdade é que, certamente, todas as grandes empresas do mundo teriam interesse em investir no Brasil, mesmo que as condições fossem as mesmas ou próximas dos seus países de origem. Mas – como veremos – por trás dessa relação entre governos e empresas no Brasil, não estão presentes interesses tão auspiciosos assim para o povo.

Diante do atraso histórico, entretanto, nos anos 1990 infelizmente era isso ou nada. O problema é: quanto mais poderosas essas multinacionais se tornam, mais se expandem, comprando todas as empresas nacionais que despontam e começam a gerar lucros e concorrência. É assim desde as empresas de entretenimento até as de alimentação, a ponto de criar grandes monopólios. Não por acaso, o controle de quase tudo o que se consome no mundo é de propriedade de poucas companhias.

Como se pode ver, nos oito anos do governo Fernando Henrique Cardoso ocorreram mudanças históricas no papel do Estado na sociedade brasileira. As reformas – que naquele momento eram o principal atalho para a modernização – pavimentaram o caminho para o desenvolvimento econômico do Brasil e o processo de modernização das relações entre Estado e sociedade de fato avançou ao longo da década de 1990.

Embora tenha havido uma modernização da economia e uma estabilidade econômica que contribuía para o bem-estar social, na era FHC não aconteceu uma mudança substancial nas condições de vida da parcela mais pobre da população.

O lado positivo de toda a manobra do governo FHC para acessar o futuro por meio de atalhos foi que a estabilidade econômica proporcionada pelo Plano Real e a grande reforma do Estado brasileiro proporcionaram alicerces sólidos à nossa sempre instável economia. Criou-se um ambiente muito equilibrado e favorável aos investimentos internacionais – equivalente ao que os investidores encontraram durante o período do regime militar, quando ocorreu o milagre econômico. O cenário ficou tão tranquilo que a aproximação da esquerda do poder – Lula aparecia com todas as condições de vencer a eleição – já não assustava ninguém.

Como vimos, o último presidente que havia se aproximado da classe trabalhadora e que nutria simpatia pela esquerda – João Goulart – sofrera um golpe militar. Considerando as bandeiras históricas do Partido dos Trabalhadores, levantadas no final da década de 1970 e início da de 1980, e sua postura ao longo dos anos – seja na Câmara dos Deputados, seja no Senado –, de oposição à política neoliberal de FHC, julgava-se que a desaceleração ou a descontinuidade desse processo criaria embates na política brasileira.

Desse modo, a eleição de 2002 se transformou em um evento realmente histórico. A economia brasileira estava em franca expansão, entrando em estágio amadurecido e colhendo os frutos de todo o processo que havia sido inaugurado pelas políticas de Fernando Henrique Cardoso. Ninguém jamais poderia imaginar que, em um momento como aquele, seria eleito um presidente oriundo da classe trabalhadora e de um partido de esquerda. Algo havia realmente mudado no universo da política no Brasil, não se sabe se na direita ou na esquerda, talvez nas duas.

O resultado foi que nunca na história do Brasil tivemos uma transição tão civilizada, em que as agruras das campanhas políticas – que historicamente no Brasil sempre foram muito sujas – não contaminaram a passagem do governo. Em geral, no Brasil, políticos que perdem eleições aproveitam os últimos meses de gestão para destruir tudo o que seja possível na busca de inviabilizar ao máximo o novo mandato. Isso não ocorreu, o que demonstra também que o clima na sociedade brasileira era mais de congraçamento que de embate.

A transição racional, civilizada, entre FHC e Lula foi fundamental para a manutenção dos ganhos do país. Mas, claro, devia haver algo por trás dessa *mise-en-scène* – e, se há algo que preocupa é céu de brigadeiro na política brasileira. Ali tinha coisa.

Havia, na transição de FHC para Lula, um ambiente muito parecido ao da transição de JK para Jânio (João Goulart): grandes investimentos internacionais e estabilidade econômica. É claro que, se o PT fosse o PT do início dos anos 1980, certamente sua chegada ao poder teria convulsionado corações e mentes como no início do mandato de Jango. Mas, em 2002, Lula e o PT já não eram os bichos-papões dos anos 1980, não empunhavam mais bandeiras radicais. Não por acaso, o vice de Lula era José Alencar, um dos maiores empresários têxteis do Brasil, numa clara sinalização de que as coisas haviam mudado.

Teria esse partido de esquerda enrolado as bandeiras do socialismo e adequado seu discurso ao estamento? Sem isso, teria chegado ao poder? A Carta ao Povo Brasileiro – projeto político do partido divulgado durante a campanha – revela nas suas entrelinhas alguns recados ao estamento brasileiro que soavam como um canto de sereia. O principal deles dizia respeito à questão da manutenção da prioridade do superávit primário, que, como veremos, era condição *sine qua non* do equilíbrio da dívida pública.

Na carta podia-se captar a dica:

"A questão de fundo é que, para nós, o equilíbrio fiscal não é um fim, mas um meio. Queremos equilíbrio fiscal para crescer e não apenas para prestar contas aos nossos credores. Vamos preservar o superávit primário o quanto for necessário para impedir que a dívida interna aumente e destrua a confiança na capacidade do governo de honrar os seus compromissos. Mas é preciso insistir: só a volta do crescimento pode levar o país a contar com um equilíbrio fiscal consistente e duradouro. A estabilidade, o controle das contas públicas e da inflação são hoje um patrimônio de todos os brasileiros. Não são um bem exclusivo do atual governo, pois foram obtidos com uma grande carga de sacrifícios, especialmente dos mais necessitados."[120]

Governando em um momento propício da economia do país, Lula conseguiu fazer com que a política socioeconômica do Estado brasileiro convergisse para uma agenda única. A criação de programas de distribuição de renda para aqueles que viviam abaixo da linha da miséria, combinada com o aumento da oferta de crédito para a classe média, tornou possível que um princípio básico da economia ocorresse de forma sistemática, e o aumento do poder aquisitivo da população fez girar a roda da economia.

Esse giro moveu uma reação em cadeia: maior consumo, maior produção, melhores resultados no comércio e nos serviços, aquecimento econômico, pleno emprego e uma sensação generalizada de bem-estar social. Entre 2002 e 2010, vivemos no melhor dos mundos possíveis. Pode-se dizer que o grande pulo do gato dos anos Lula foi sem dúvida o mercado interno. Embora as exportações de commodities estivessem em níveis elevados, foi o mercado interno que alavancou a economia, impulsionado em grande parte pela diminuição progressiva da taxa de juros básica (Selic), que é instituída pelo Comitê de Política Monetária (Copom) do Banco Central (BC). A Selic anual partiu de 44,95% em 1999 para 26,5% em fevereiro de 2003, passou a 10,75% em 2010, chegando ao seu menor valor – 7,12% – em 2013.

Essa taxa baixa de juros revolucionou o mercado interno, pois, ao baratear os empréstimos e financiamentos, dinamizou a economia do país. A partir desse momento econômico *sui generis* para os padrões brasileiros, economistas começaram a falar em uma "nova matriz econômica", que geraria debates fervorosos a favor e contra. Aos críticos incomodavam – com razão – as intervenções estatais na economia, sobretudo o uso de bancos estatais – principalmente o BNDES – para oferecer empréstimos a juros abaixo dos praticados no mercado, expediente que obrigava a aplicação de dinheiro do tesouro nacional e aumentava a dívida do governo. Mais tarde essas manobras ficariam conhecidas como pedaladas fiscais e levariam ao impeachment da presidente.[121]

Para os mentores da nova matriz – sobretudo para o governo e, particularmente, o ministro Guido Mantega –, a grande vantagem dela era a possibilidade de avanço no corte de juros sem afetar a inflação. Segundo o ministro, a intenção da baixa de juros era fazer com que "a riqueza fosse direcionada para o empreendedorismo, inovação, investimentos na indústria, agropecuária e serviços, enfim, para a ampliação da produção nacional e da nossa capacidade de oferta, pois ela ficava retida no sistema financeiro nacional, em busca do ganho fácil proporcionado pelas aplicações financeiras"[122].

De fato, a nova matriz econômica teve seus momentos de glória, mas o desprezo do governo pela crise econômica mundial, somado aos grandes esquemas de corrupção que seriam desvelados pela Operação Lava Jato, contribuiriam enormemente para o fracasso do projeto econômico. A verdade é que ambos – críticos e entusiastas – tinham razão em alguns aspectos e não tinham em outros e, como sempre no Brasil, caímos no velho hábito do maniqueísmo, ou seja, do caminho de ideias paralelas que se hostilizam reciprocamente e não dialogam. Desse modo, não fomos capazes de encontrar o caminho da convergência, que era o que realmente interessava para o país.

Além dos aspectos econômicos – muitos deles questionáveis –, questões políticas gravíssimas contribuíram para o fracasso da nova matriz econômica. O esquema de corrupção descoberto pela Operação Lava Jato acabou por revelar qual era a verdadeira intenção da presença massiva do Estado na economia: o aparelhamento político, propinas etc. A crise política desencadeada pelas investigações e a insatisfação do povo nas ruas em 2013, somadas a outros aspectos, causaram vulnerabilidades e instabilidades que fragilizaram enormemente a economia do país e desencadearam uma debandada de investidores, já escaldados com a crise da Grécia que havia se iniciado em 2010.

O curioso nesse processo todo é uma daquelas particularidades que só se veem no Brasil: a unanimidade em torno do fato de que os anos Lula foram os melhores da economia se dá justamente pelas medidas liberais – presentes nas maiores economias do mundo – tomadas pelo governo: expansão do mercado interno, crédito barato e juros baixos. No entanto, entre 2005 e 2006, uma denúncia de compra de votos de parlamentares no Congresso Nacional para a aprovação de projetos de interesse do governo – o chamado Mensalão – trouxe de volta os velhos fantasmas que o povo brasileiro esperava que tivessem ficado no passado. O Mensalão levantou apenas uma pequena parte do tapete, mas o suficiente para mostrar que ali embaixo descansava a velha sujeira do passado. Não demorou muito para se revelar também presente – escondida ainda atrás da porta do desenvolvimento econômico e da modernização do país – a velha incompatibilidade entre políticos e a coisa pública.

Não por acaso, o centro do maior escândalo de corrupção da história do país – organizado justamente por aqueles que criticaram e se opuseram ao processo de privatização – vai ser, como veremos, a Petrobras, justamente a única estatal de grande porte que havia sobrado. Inicia-se aí um ciclo irreversível de decadência que fez se esvaírem pelo ralo os ganhos que levaram décadas de trabalho para serem conquistados. Desse modo, o Brasil é um bêbado subindo a ladeira: a cada passo para a frente, três são dados para trás. É óbvio que jamais chegaremos ao topo.

IV
A REVOLUÇÃO DE 2013

Nas delações da Operação Lava Jato, o discurso unânime era o de que só grandes obras davam lucro, de forma que os agentes públicos e as grandes empreiteiras não se interessavam pelas pequenas. Essas obras menores ficavam relegadas ao segundo escalão dos interesses do Estado. Ironicamente, são justamente delas que o povo mais precisa – um hospital, uma creche, uma rede de saneamento – e também são elas que mais atrasam, ou são construídas com materiais ordinários, de péssima qualidade, que se deterioram em pouco tempo, quando não são abandonadas na metade do percurso e passam décadas vitimadas pelo descaso. Em cada cidade do Brasil há ao menos uma obra dessas.

As grandes obras de infraestrutura do país, as mais caras, são as mais cobiçadas pelas empreiteiras e por políticos porque, obviamente, são as que têm maior potencial de lucro, de todos os lados. Desse modo, analisando o ciclo da corrupção no Brasil, percebemos um padrão de comportamento nos políticos, grandes obras geram grandes empréstimos, que geram grandes contratos, que geram grandes propinas. Esse é o ciclo vicioso da política brasileira. Não por acaso, a possibilidade de se realizar uma Copa do Mundo e uma Olimpíada no Brasil soou como música para políticos e empreiteiras. Mais tarde uma investigação da polícia americana revelaria que trazer os eventos para o Brasil "a qualquer custo" implicou criar um esquema de compra de votos com pagamento de propinas, tudo bem ao estilo brasileiro. Daí a volúpia em se construir tudo do zero, nada de reformas, nada de reaproveitar estruturas. Tudo novo.

Os preparativos para a Copa e a Olimpíada implicavam obras grandiosas para a realização dos jogos, incluindo estádios, aeroportos, estruturas para mobilidade urbana, hotéis. Tudo com o afinadíssimo discurso de que as benfeitorias ficariam para o povo como um grande legado. Todas essas obras deveriam seguir o chamado padrão Fifa de qualidade e muitas delas foram realizadas em regiões empobrecidas e carentes de serviços básicos, luzindo diante dos olhos do povo como o ornamento de uma festa de que eles sabiam que não faziam parte, a que não seriam convidados. Em Manaus, a Arena da Amazônia custou cerca de R$ 800 milhões e o aeroporto, R$ 417 milhões – isso em um estado em que apenas 36% da população tem acesso à rede de água e no qual a coleta de esgoto atende a somente 4% da população. No Distrito Federal, o estádio custou R$ 1,5 bilhão e o aeroporto, R$ 1,2 bilhão. Em São Paulo e no Rio de Janeiro, para os estádios e para as obras de mobilidade urbana foram investidos em torno de R$1,2 bilhão em cada cidade. Na Bahia, o estádio custou R$ 684 milhões e o aeroporto, R$ 127 milhões (lá, só 34% das pessoas têm acesso à rede de esgoto). No Rio Grande do Norte, onde apenas 22% da população tem acesso à rede de esgoto, o estádio custou R$ 400 milhões. Em Pernambuco, em que a rede de esgoto atende a apenas 20% da população, o estádio saiu por R$ 532 milhões. No Ceará, cuja rede de esgoto chega a 25% do povo, o estádio ficou em R$ 518 milhões. Em Mato Grosso, o estádio custou R$583 milhões, mas a rede de esgoto estadual atende a apenas 25% da população.

As determinações do padrão Fifa irritaram profundamente os brasileiros, que passaram a exigir o mesmo padrão Fifa segundo o qual o governo erguia os estádios da Copa para a construção de hospitais, escolas, estradas, transporte público, moradias populares, que no país ainda são extremamente precários.

A parceria exitosa entre governo e iniciativa privada na construção da infraestrutura da Copa foi fruto da vontade política para que tudo se materializasse. O povo percebeu que, se houvesse essa mesma vontade política para a construção de hospitais, escolas, creches ou obras para saneamento, transporte etc., o país poderia ser melhor. O que o povo não sabia, e que iria descobrir apenas depois da Operação Lava Jato, era que todas as obras foram construídas por empreiteiras que eram também as maiores doadoras de campanhas eleitorais e que, portanto, todo esse cenário de desenvolvimento econômico, obras públicas etc.

fazia parte de um grande, gigantesco, imenso e inimaginável sistema criminoso que havia se apoderado do Estado.

Os recursos existiam na sétima economia mais robusta do mundo e havia uma disparidade entre essa posição no ranking da riqueza e a posição (85ª) no ranking do IDH (Índice de Desenvolvimento Humano), uma das piores do planeta.

Ficou claro que, existindo vontade política, as coisas acontecem e, quando não há interesse das elites políticas e econômicas, as coisas são simplesmente procrastinadas e os interesses particulares se sobrepõem aos coletivos. A falta de solução e a procrastinação em torno do grave problema do saneamento básico, além do desconforto evidente que causam à população, são responsáveis por inúmeras doenças e mortes de adultos e crianças.

Diante desses disparates, a pergunta que não queria calar era a seguinte: com tanto desgoverno, tantos investimentos altamente questionáveis em eventos dos quais o povo ficaria excluído, enquanto esgotos corriam nas portas de suas casas, não havia um político que tivesse percebido esse descompasso? Não havia em todo o Parlamento uma voz dissonante?

Em meio à farra dos investimentos econômicos, surgira, em 2005, a denúncia do Mensalão. Já então fora possível compreender o silêncio dos políticos. Havia um esquema de compra de votos organizado para corromper parlamentares e garantir o apoio do Congresso na votação de assuntos de interesse do governo. Só depois da Lava Jato ficaram claros também quais eram os interesses dos agentes públicos. Em 2007 o Supremo Tribunal Federal julgou e condenou mais de quarenta políticos e empresários por vários crimes: corrupção ativa, corrupção passiva, peculato, lavagem de dinheiro, evasão de divisas, formação de quadrilha e gestão fraudulenta. Era o Brasil sendo Brasil, um país onde impera a máxima de que em política não há princípios. O que se percebe na roubalheira que assola o país, revelada pela Lava Jato, é o sentimento que políticos têm em relação ao povo: a palavra que melhor o representa é *descaso*.

O escândalo do Mensalão foi o primeiro grande impacto que deu início à desconstrução de um projeto que, bem ou mal, vinha – desde o início dos anos 1990 – racionalizando a economia e colocando o país nos trilhos.

Na história do Brasil, tivemos pouquíssimo tempo de democracia; é incrível nossa vocação para ditaduras e falta de respeito ao voto do povo. O brasileiro jamais foi representado, mesmo nos períodos ditos democráticos. Durante o Império, como vimos, era o voto baseado na renda que eliminava toda a população; na Primeira República não se pode dizer que houve eleições diretas, pois os analfabetos eram excluídos e encurralados e chantageados pelos coronéis; o povo não tinha liberdade. A participação popular em massa só se deu no período democrático de 1945 a 1964 e, depois, de 1989 até 2017, ou seja, em 500 anos, 50 anos de vida democrática. Isso talvez explique o descaso que a classe política tem em relação ao povo, em relação ao voto e em relação à democracia: eles nunca precisaram do povo para acessar o poder.

O Mensalão era, antes do escândalo da Petrobras (não existe nada tão ruim que não possa piorar), o pior e mais nefasto escândalo da história do Brasil. Não em termos financeiros, mas no que significou para a ruptura total da democracia brasileira – que todos julgávamos consolidada – o simples fato de o Executivo comprar o apoio do Legislativo.

Numa situação em que o Legislativo está comprado, o governo deixa de ser democrático e atua como uma ditadura ou uma monarquia absolutista, em que a figura do rei ou do ditador está acima dos interesses do povo. Ao romper com os princípios democráticos, essa compra de apoio parlamentar despreza o voto do povo e joga a democracia na lata do lixo. É, portanto, gravíssima a situação, coisa que no Brasil parece não ter despertado muita indignação.

Essa realidade rompe a divisão entre os três poderes proposta por Montesquieu para proteger o povo do governo, para evitar governos absolutistas. No Brasil as três instâncias não estão separadas: pelo contrário, se mancomunam em detrimento do povo. Com simples trocas de favores e acordos escusos, é possível comprar o Congresso. Assim, a Câmara e o Senado, que deviam proteger o povo dos desmandos do Executivo, acabam – comprados que estão – por atender aos seus desejos. O povo, que deveria ter, na divisão e na independência dos poderes, sua proteção contra despotismos, fica refém dessa corja que rasga o livro de Montesquieu – sobre o qual repousa a filosofia política de quase todas as democracias do mundo.

A divisão dos poderes proposta por Montesquieu é fundamental para a manutenção dos direitos e do equilíbrio da relação entre a sociedade civil e o Estado. O Legislativo deve fiscalizar e, em certo aspecto, entrar em contradição permanente com o Executivo. Deve se colocar em campo oposto, em defesa dos interesses do povo. Essa é sua razão de ser: fiscalizar o Executivo para que não ocorra um governo absolutista, autoritário, que se volte contra os interesses da população. Com o Mensalão, rompemos todos os preceitos mínimos para uma sociedade civil organizada, rasgamos o pacto e o contrato social e caímos na barbárie, na luta de todos contra todos.

No Brasil essa regra básica das sociedades democráticas foi e é sistematicamente anulada, primeiro pela quantidade de partidos e depois pela venda das legendas, pelas coligações esdrúxulas, pela compra de parlamentares para votar a favor dos interesses do governo. Quando isso acontece, como aconteceu com o Mensalão, o governo perde a legitimidade, passa de democrático a autoritário e deve ser punido, deve ser substituído.

Percebe-se por que o povo vive em situação deprimente, ou seja, não tem mínima representação nos seus votos. Todos aqueles que são eleitos estão, no fundo, atuando contra ele. No Brasil não existe democracia. O direito ao voto não quer dizer nada, é uma farsa grotesca, já que não vai haver no Legislativo nenhum embate, nenhuma posição contraditória com a ditadura do Executivo.

Em 1824, criticando o absolutismo do fechamento da Assembleia Constituinte, Frei Caneca se manifestou da seguinte forma: "Que barreira haverá contra os ataques que o Executivo fizer aos direitos da Nação? Quem fará suspender a propensão do Executivo para a tirania? [...] Quem punirá as arbitrariedades do ministério e seus oficiais? Qual será o cidadão que possa contar com a segurança da sua vida, da sua propriedade, da sua honra?"[123]

Em qualquer país desenvolvido do mundo, onde o povo tem uma sólida convicção da função do Estado como a representação da vontade de todos, atos autoritários, absolutistas e ditatoriais como esse de romper o princípio básico da divisão dos poderes seriam motivo para uma verdadeira revolução. O presidente ou primeiro-ministro certamente renunciariam ao cargo mesmo que não tivessem participação direta em nada. Só em crimes comuns se pode exigir a individualização da pena; em crimes políticos, as ações de um agente do alto escalão do governo são atos governamentais, para o bem e para o mal. Todos devem responder solidariamente, se não na justiça, ao menos pelo bom senso de reconhecerem que agiram contrariamente aos interesses do povo.

O povo brasileiro, porém, tem uma capacidade única de surpreender. As grandes manifestações populares que sacudiram o Brasil em 2013 não foram resultado apenas da crise de representação política que tomou conta do país por ocasião das denúncias do Mensalão. Crise econômica e gastos exorbitantes com a Copa, de um lado, e, de outro, a sensação cotidiana da ausência do Estado levaram o povo a surtar e ter um rompante anarquista. O resultado: incêndios nas ruas e a repressão do Estado, numa espécie de Primavera Árabe que – para terror da classe política e dos donos do poder – havia chegado ao Brasil.

O estranhamento geral da classe política se deu pelo fato de, pela primeira vez na história do país, as pessoas irem para as ruas e se mobilizarem espontaneamente, sem a interferência de partidos, sindicatos etc. Foi a maior crise de representatividade política da história, fruto da ruptura do sistema democrático oriunda da revelação da compra dos votos de deputados, que rompeu com a razão de ser dos três poderes.

A partir de 2013, tivemos uma sequência de acontecimentos advindos dessa crise de representatividade. Os políticos, cientes da indiferença do povo em relação à política e do desapreço em relação aos políticos, em vez de procurar reverter o problema, resolveram assumir a distância e fazer do país um jogo de dados.

O Mensalão deixou claro que políticos não representam o povo e que a classe política legisla em benefício próprio. Essa contradição entre estamento e povo aparece de forma gritante por meio da análise de três aspectos da vida política, econômica e social do Brasil que nos levam a um distanciamento astronômico em relação aos países desenvolvidos. São eles: o fiscalismo predatório, a especulação financeira e a farra de obras, concessões e empréstimos públicos subsidiados com dinheiro do povo.

Vejamos.

V
FISCALISMO PREDATÓRIO

A revolução de 2013 começou por causa de um ajuste de R$ 0,20 na passagem de ônibus na cidade de São Paulo. O valor era – em última instância – apenas mais uma transferência do custo Brasil, a conta-gotas, para o bolso do povo. O que era um problema logo se espalhou por um país que já vinha acumulando conflitos com a classe política desde o Mensalão. Desse modo, o que era específico e local, como vimos, se transformou numa espécie de Primavera Árabe brasileira.

Ao povo brasileiro sempre sobra o ônus de bancar os inaceitáveis níveis de desvio do dinheiro público. Toda vez que o governo não atinge seu "quinto" na arrecadação de impostos, organiza uma devassa para extrair da população os recursos necessários para cobrir os déficits oriundos da própria irresponsabilidade.

Dessa realidade, segue o seguinte quadro.

Além da taxa de juros, há no Brasil, em relação aos países desenvolvidos, uma inversão que é fundamental e até mesmo determinante para a manutenção de nossa miséria, de nosso subdesenvolvimento. Aqui a maior parte da arrecadação do Estado se concentra nos impostos pagos por meio do consumo de produtos e serviços e a menor parte provém do quesito renda, propriedade e capital. Essa situação gera uma injustiça brutal, já que a taxação sobre o consumo recai indistintamente, de forma igual, sobre ricos e pobres. A taxação do consumo é a única coisa realmente democrática no Brasil. Como não é possível cobrar impostos diferenciados de ricos e pobres na hora do consumo proporcionalmente à renda de cada um, a camada mais pobre paga mais impostos que a camada mais rica.

Vamos pensar nessa situação hipotética: duas pessoas estão na fila do supermercado. Uma delas tem um salário de R$ 1.000,00 e outra, de R$ 10.000,00. Ambas fizeram uma pequena compra e o imposto que vão pagar por ela é de R$ 100,00. Para a pessoa que ganha R$ 1.000,00, o valor do imposto pago no caixa equivale a 10% do seu rendimento, enquanto, para a pessoa que ganha R$ 10.000,00, o valor desse imposto equivale a 1% de sua renda. Proporcionalmente ao que recebem, os que ganham menos pagam mais impostos, ou melhor, o governo arrecada exatamente o mesmo valor de imposto dos dois indivíduos, mas o custo do imposto para o indivíduo que ganha menos é muito maior no que se refere ao comprometimento de sua renda, o que gera uma situação de injustiça fiscal.

Uma forma de diminuir a injustiça fiscal no Brasil seria reduzir os impostos que incidem sobre o consumo. Enquanto no Brasil são cerca de 72% de arrecadação de impostos sobre consumo e 28% sobre a renda, nos países da Organização para a Cooperação e Desenvolvimento Econômico (OCDE) a proporção é de 33% de arrecadação sobre o consumo e 67% sobre a renda, a propriedade e o capital.

A injustiça tributária brasileira é responsável por uma espécie de doença infantil do capitalismo, que é a alta concentração de renda. Países com alta concentração de renda geram desigualdades tão insustentáveis que podem ser consideradas a matriz do subdesenvolvimento. Devem existir na sociedade, segundo análise de Thomas Piketty, "meios pelos quais a democracia pode retomar o controle do capitalismo e assegurar que o interesse geral da população tenha precedência sobre os interesses privados, preservando o grau de abertura econômica e repelindo retrocessos protecionistas e nacionalistas".[124]

No caso do Brasil, retrocessos protecionistas estão ligados a outra doença infantil de nosso liberalismo econômico e político: o privilégio. Pode-se dizer que, no cerne de cada transformação política importante na história de outras nações, encontramos uma revolução fiscal com o intuito de acabar com privilégios. Na Europa, "o Antigo Regime desapareceu quando as assembleias revolucionárias votaram pela abolição dos privilégios fiscais da nobreza e do clero, instituindo um regime fiscal universal e moderno. A Revolução Americana nasceu da vontade dos súditos nas colônias britânicas de fixar seus próprios tributos e tomar o destino nas próprias mãos".[125]

Ao contrário das medidas tomadas no resto do mundo, o fim do nosso antigo regime redundou não só na transferência de privilégios para a burguesia local, como na sua ampliação.[126] Uma vertente desses privilégios é a alíquota zero sobre dividendos distribuídos a acionistas que, como vimos, foi criada para atrair empresas estrangeiras para o Brasil, mas que beneficia também uma pequena parcela da população brasileira que tem renda oriunda da distribuição de dividendos e, portanto, ganha uma generosa vantagem em relação aos trabalhadores, que têm o imposto de até 27,5% retido na fonte. Segundo dados da OCDE (Organização para a Cooperação e Desenvolvimento Econômico), apenas o Brasil e a Estônia possuem mecanismos de isenção tributária voltados para a principal fonte de renda dos mais ricos.[127]

Um estudo do Inesc (Instituto de Estudos Socioeconômicos) traçou o perfil da desigualdade e da injustiça tributária no Brasil. Por meio das estatísticas do imposto de renda de pessoa física, disponibilizadas no site da Receita Federal, é possível notar que, em 2012, dos R$ 566 bilhões de rendimentos isentos ou não tributáveis, a isenção sobre dividendos somou R$ 208 bilhões;[128] em 2013, dos R$ 632 bilhões de rendimentos isentos ou não tributáveis, R$ 231 bilhões[129] equivaliam a dividendos distribuídos; em 2014, dos R$ 736 bilhões de rendimentos não taxados, R$ 256 bilhões[130] diziam respeito a dividendos distribuídos; em 2015, dos R$ 809 bilhões de rendimentos isentos ou não tributáveis a isenção sobre dividendos distribuídos somou R$ 258 bilhões.[131]

A alíquota sobre dividendos na Dinamarca é de 42%; na França, 38,5%; no Canadá, 31,7%; nos Estados Unidos, 21,5 %; no Reino Unido, 36%. O imposto sobre herança é de: no Brasil, 4% a 8%; no Reino Unido, 40%; na França, 32,5%; nos Estados Unidos, 29%; no Japão, 24%; no Chile, 13%.

Embora "rendimentos isentos e não tributáveis" abranja um espectro mais amplo, acompanhando seus registros na Receita Federal no período de 2007 a 2013 é possível notar que a política de isenção sobre dividendos privilegia os mais ricos em detrimento do conjunto da sociedade.

Em 2007, os que ganhavam entre dois e três salários mínimos tinham 96,37% de seus ganhos advindos de receitas tributáveis e apenas 2,93% de receitas isentas, enquanto quem ganhava mais de 160 salários mínimos tinha apenas 15,16% de seus ganhos advindos de receitas tributáveis e 58,17% de receitas isentas.

Em 2010, os que ganhavam entre dois e três salários mínimos tinham 90% de seus ganhos provenientes de receitas tributáveis e apenas 7,62% de receitas isentas, ao passo que aqueles que ganhavam mais de 160 salários mínimos tinham só 12,84% de seus ganhos oriundos de receitas tributáveis e 64,1% de receitas isentas.

Em 2013, 90,26% da receita de quem ganhava entre dois e três salários mínimos era tributável, tendo 6,99% dela isenta. Nesse mesmo período, as pessoas que recebiam mais de 160 salários mínimos tinham apenas 12,55% de seus ganhos advindos de receitas tributáveis e 65,8% de receitas isentas.[132]

É uma equação desigual, partindo do princípio de que o ideal da economia é encontrar a "trajetória de crescimento equilibrado, isto é, um crescimento em que todas as variáveis macroeconômicas – produção, renda, lucros, salários, capital, cotações de bolsa de valores e de mercado imobiliário etc. – se expandem no mesmo ritmo, de modo que cada grupo social se beneficia do crescimento nas mesmas proporções, sem grandes discrepâncias".[133]

Outra vertente dos privilégios no Brasil – para tocarmos em um assunto latente e que tem provocado intensas discussões – é a questão que envolve as grandes distorções da previdência social.

Os números da aposentadoria no país revelam um abismo onde, de um lado, 84,7% dos benefícios do INSS são de até dois salários mínimos e, de outro, há enormes privilégios, sobretudo no setor público, onde os valores pagos são exorbitantes em relação ao conjunto da população e transformam essa minoria de privilegiados numa espécie de aristocracia tropical sustentada pelo trabalho e pela contribuição do povo.

Uma reforma na previdência deve passar necessariamente pelo enfrentamento dessa desproporção, pois esses privilegiados são os maiores responsáveis pelo déficit que foi, em 2012, de R$ 40 bilhões; em

2013, de R$ 49 bilhões; em 2014, de R$ 85 bilhões; em 2015, de R$ 149 bilhões; em 2016, de R$ 133 bilhões, atingindo R$ 168 bilhões em 2017.

Essas duas formas de privilégio – benefícios desproporcionais e isenções estapafúrdias –, somadas a uma infinidade de outros benefícios – desonerações, empréstimos a juros baixos, pensões vitalícias milionárias, auxílios (moradia, alimentação, creche, transporte, verbas indenizatórias, carro com motorista, cota de gasolina, plano de saúde, pagamento da escola particular para o filho, dinheiro para a compra de livros e computadores) distribuídos pelos poderes Executivo, Legislativo e Judiciário, formam o quadro de um país que, por não respeitar minimamente os princípios básicos da justiça social – pilar de todas as sociedades democráticas modernas – encontra-se dividido entre dois mundos: o dos privilegiados e o dos miseráveis, dos desvalidos, dos desafortunados.

Diante dos sucessivos déficits orçamentários do Estado, o fim dos privilégios seria o único caminho justo, pois, no que diz respeito aos impostos arrecadados do conjunto da sociedade, respeitaria o seu espírito, uma vez que eles foram criados como um mecanismo do Estado para promover o bem-estar social. Em qualquer país do capitalismo central, quem ganha mais paga mais impostos – é a velha lógica do mecanismo que aciona e força constantemente o equilíbrio entre a concentração e a distribuição de renda e faz com que, como vimos em Piketty, "o interesse geral da população tenha precedência sobre os interesses privados".

Existe, portanto, uma generosidade inexplicável no Brasil em relação a certos setores da sociedade, algo que foge dos parâmetros civilizatórios. Desse modo, a diminuição do imposto que incide sobre o consumo, um fatiamento do imposto de renda com alíquotas que aumentam progressivamente conforme a renda cresce, o fim da isenção de imposto sobre lucros e dividendos e, para concluir, uma revisão vigorosa nos privilégios concedidos a uma minoria, podem ser, em conjunto, o início de um projeto de nação realmente preocupado com a equidade social e econômica. Antes que se ergam acusações de bolivarianismo, comunismo, esquerdismo, é bom que se diga que essa proposta de reforma da tributação, pelo contrário, nos aproximaria dos níveis das economias mais liberais do mundo – como demonstram os números apresentados anteriormente referentes aos países do capitalismo central.

A essas ações podemos agregar três outras – amplamente negligenciadas pelos governos – que contribuiriam para o equilíbrio do orçamento público. A primeira delas trata da questão da sonegação fiscal. Estima-se que cerca de R$ 500 bilhões deixem de ser arrecadados todos os anos no Brasil somente pelo mercado formal. A sonegação é fruto, por sua vez, de um círculo vicioso: a carga tributária é alta, gera sonegação fiscal, que gera déficit, que gera mais imposto. Quanto maior a carga de impostos, mais caros os produtos cotidianos e maior o índice de sonegação. No mercado informal – segundo números levantados pelo Instituto Brasileiro de Economia da Fundação Getúlio Vargas –, estima-se que o Brasil deixe de arrecadar cerca de R$ 1 trilhão por ano. É uma economia subterrânea, invisível, que movimenta nada mais nada menos que 16% do PIB. Com o avanço da crise econômica, a informalidade aumentou e se tornou quase a regra no comércio e no trabalho. Outra culpada pela informalidade é a ação sufocante do Estado em sua gana arrecadadora, que nos remete ao início da colonização do Brasil, quando, como vimos, se iniciou a lógica de muito arrecadar e nada prover, o que estimulava e estimula ainda hoje a sonegação e a informalidade.

Um problema alimenta outro. Somente na fronteira com o Paraguai o Brasil deixa de arrecadar, com contrabando e descaminho, cerca de R$ 139 bilhões.[134] Não seria o capital acumulado por meio desse verdadeiro caos tributário – quase R$ 700 bilhões quando somados os impostos sonegados internamente e nas fronteiras – que financia, além do dinheiro público, o caixa dois de campanhas políticas, visto que os delatores da Operação Lava Jato são unânimes em afirmar que três quartos do dinheiro doado para campanhas políticas são transferidos por meio de caixa dois?

O combate a essas práticas tem se mostrado extremamente ineficiente e oneroso. Perdemos duas vezes: primeiro, com os impostos que deixam de ser arrecadados, depois com o imenso investimento na repressão. Isso não faz o menor sentido, salvo se, como dissemos, houver outros grandes interesses envolvidos nesse mercado clandestino que movimenta cerca de 16% do PIB brasileiro.

A segunda ação é investir na cobrança da dívida ativa da União, que uma inexplicável negligência na fiscalização e na cobrança fez com que chegasse a astronômicos R$ 1 trilhão. Na lista dos devedores estão grandes empresas que receberam inclusive empréstimos do governo. A JBS é a segunda maior devedora da Previdência Social e obteve do BNDES cerca de R$ 10 bilhões em empréstimos. Explicaria as vistas grossas do governo para essa realidade singela o fato de a maioria das grandes devedoras da Previdência ser formada também pelas maiores doadoras de campanhas eleitorais? A Operação Zelotes, braço da Lava Jato, revelou que essas dívidas fiscais de grandes empresas se arrastavam havia décadas e não eram pagas por serem também objetos de negócio entre agentes públicos e empresários. Os refinanciamentos, os descontos e até as vistas grossas para os problemas faziam parte da carteira de produtos (atos administrativos) vendidos por políticos às empresas.

A terceira ação é repensar as desonerações fiscais e tributárias. Entre os anos de 2011 e 2015 foram editadas cerca de 40 medidas provisórias tratando de desonerações tributárias de vários setores da economia. Pesa sobre essas medidas provisórias a suspeita de que tenham sido negociadas com as empresas por agentes públicos, entre eles ministros do governo. Com o discurso de que – no caso da desoneração de IPI, que incide sobre veículos automotores – a redução de impostos iria diminuir o preço dos veículos para o consumidor – como realmente ocorreu –, estava camuflado o verdadeiro objetivo dos agentes do governo, do estamento, que era a obtenção de propina, de contrapartida financeira para partidos e políticos. Estima-se que essas desonerações são da ordem de R$ 500 bilhões, contabilizando apenas tributos federais, pois existe ainda a farra da desoneração nos estados, em que o caso do Rio de Janeiro é emblemático.

No âmbito estadual, o Rio de Janeiro talvez tenha os casos mais conhecidos e escandalosos, mas se trata de uma realidade nacional. Um relatório de auditoria do governo do Rio realizada em 2016 apontou algumas situações incompreensíveis de renúncia fiscal em um estado que decretou calamidade pública por não ter recursos para despesas básicas, como salários de servidores da ativa, aposentados e pensionistas. O relatório apontou que, entre 2008 e 2013, foram realizadas renúncias fiscais do ICMS no valor de

R$ 138 bilhões. Entre as empresas favorecidas estão estaleiros, cervejarias, joalherias etc. Somente à multinacional P&G (Procter & Gamble) foram concedidos, por meio do decreto 41.483 de 18 de setembro de 2008, entre 2009 e 2013, R$ 1,2 bilhão.[135] Um único ato – o Decreto 41.596 de 2008[136] – cujo objetivo principal, era segundo sua redação, "a integração do setor de joias com os setores da moda e do turismo", destinou desonerações no montante de R$ 230 milhões[137] a grandes joalherias multinacionais.

Em primeiro lugar, lembremos que conceder determinados tratamentos tributários diferenciados para setores da atividade comercial e industrial em determinados períodos, com o intuito de gerar emprego, renda e receita tributária para o município ou Estado com a instalação das empresas é até legítimo. O problema é quando tais desonerações, benefícios e privilégios para setores ou empresas específicas contribuem para a formação de monopólios que quebram uma regra de ouro do capitalismo e do liberalismo econômico, que é a livre concorrência.

Em segundo lugar, na concessão desses tratamentos tributários diferenciados, devem-se respeitar acima de tudo os interesses do povo, os benefícios para a coletividade, e não – como foi no caso do Estado do Rio de Janeiro – agir em detrimento do povo, em prejuízo da coletividade.

Em terceiro lugar, é preciso ressaltar que essa relação entre políticos e empresários no Brasil se revelou, desde sempre, a causa primeira da corrupção sistêmica que se espalhou pelo país, o que torna esse expediente extremamente frágil e algo que tem tudo para dar errado... como deu. Não por acaso, o governador que assinou os dois decretos que vimos acima – Sérgio Cabral – é réu em quase vinte processos e já foi condenado a 87 anos de prisão.

Em novembro de 2016, a Operação Calicute, outro braço da Lava Jato, descobriu que, assim como no caso das medidas provisórias do governo federal, as desonerações no Rio de Janeiro serviam apenas para obter contrapartidas financeiras para políticos e partidos. Ou seja, o aparelhamento do Estado por um estamento criminoso havia chegado às raias da loucura. Enquanto o governo estadual, à beira da insolvência, decretava calamidade pública – com hospitais, escolas e segurança à míngua, aposentados e servidores pauperizados –, concedia desonerações fiscais milionárias para empresas riquíssimas visando única e exclusivamente o saque ao dinheiro público em troca de contrapartidas financeiras.

Ainda falando do Rio de Janeiro, o grupo Nissan, segundo consta no relatório citado, construiu em 2001 sua fábrica no estado com financiamento do Fundes (Fundo de Desenvolvimento Econômico e Social) estadual no valor de quase R$ 6 bilhões.[138] Nos anos de 2012 e 2013, esse grupo obteve – como se não bastasse o financiamento obtido – renúncia fiscal de mais de R$ 350 milhões.[139] O montante da desoneração fiscal equivale no Rio de Janeiro ao montante da dívida do estado, que entrou numa linha ascendente exatamente em virtude de empréstimos para cobrir as desonerações. A decisão mais irracional do mundo. O caos.

Apesar dessas espécies de gastos, todos os governos entoam como mantra o tal do superávit primário.

Toda essa tresloucada aventura é fruto de uma falta de clareza do papel do Estado na manutenção do bem-estar social. São as demandas sociais que determinam a carga tributária de um país. A oferta dos principais serviços públicos – saúde, educação, segurança – depende diretamente da arrecadação de impostos, e é tão somente em função de demandas sociais que a carga tributária deve existir. Há no Brasil, no entanto, uma contradição abissal entre a grandiosa e aberrante carga tributária – uma das maiores do mundo – e o péssimo nível dos serviços públicos. Cobra-se como se fosse oferecido um serviço de excelência e entrega-se um serviço medíocre.

A diminuição do tamanho do Estado está diretamente ligada à distribuição de renda no país. Distribuição essa, diga-se de passagem, que se faz por meio de mecanismos de curta e de longa duração – quais sejam, educação, qualificação profissional, empreendedorismo, melhores salários e, sobretudo, justiça fiscal –, não por meio de benesses tributárias e financeiras. Quanto maior o nível de pobreza de um povo, maior será sua dependência dos serviços e benefícios do Estado.

A distribuição de renda por meio dos mecanismos acima descritos gera um círculo virtuoso na sociedade que pode ser averiguado, aferido e verificado facilmente em qualquer país desenvolvido. E esse círculo virtuoso funciona da seguinte forma: quanto maior a renda das pessoas, menos elas dependem dos serviços do Estado. Reduzindo-se as demandas sociais feitas ao Estado, menos ele tem que arrecadar em impostos. Menor carga tributária implica diretamente na queda de preços de produtos e serviços, que gera aumento de consumo, de vendas, de serviços, de produção e, portanto, da riqueza.

Essa seria nossa verdadeira distribuição de renda. Um programa como o Bolsa Família, de transferência de renda, só se justifica em situações emergenciais. Mantida a desigualdade fiscal, o beneficiário do programa social pagará, como vimos, a mesma alíquota de imposto no consumo que qualquer milionário. Desse modo, o governo dá com uma mão e tira com a outra. Manter um programa de transferência de renda sem enfrentar a questão fiscal no país – como não foi enfrentada pelos últimos governos – é fazer política populista, nada mais.

O salário mínimo nos Estados Unidos é equivalente a R$ 3.500; na Inglaterra, a R$ 5 mil; na França, a R$ 4.800. Paga-se por quase tudo. No entanto, os serviços públicos são de excelente qualidade. Por outro lado, o povo é compensado pela simples razão de que o Estado tem de arrecadar menos, de modo que a carga tributária cai, puxando os preços para baixo. Isso explica a grande diferença que se nota nos preços nesses países e no Brasil, que variam em até 500% aqui.

O problema do Brasil é que o Estado arrecada o dinheiro do povo para administrá-lo, ou seja, investir em saúde, educação, segurança, mas isso não ocorre. A desoneração de impostos para as pessoas diminuiria o Estado e aumentaria o volume de dinheiro nas mãos dos indivíduos, que saberiam a melhor forma de usá-lo. Além disso, seria uma forma de movimentar a economia, via consumo de bens e serviços. Com mais dinheiro, as pessoas precisam menos dos serviços do Estado e este, consequentemente, precisa arrecadar menos.

Além de dinamizar a economia, retirar do Estado o papel de intermediário diminuiria o montante de dinheiro arrecadado e administrado por ele e, portanto, levaria à diminuição do populismo, do desperdício, do personalismo, do patrimonialismo, do aparelhamento e da corrupção.

"Mas se essa reforma fiscal ocorresse e o Estado diminuísse, o que nós, políticos profissionais, faríamos da vida?"

Não se engane, é esse o raciocínio deles.

VI

OS *DEALERS*: SERIA O BRASIL UM IMENSO JOGO DE PÔQUER?

O Brasil tem uma das maiores taxas de juros do mundo, que, embora hoje esteja em 7%, nos anos de 2015 e 2016 chegou a astronômicos 14%. Nos Estados Unidos a taxa é de 0,25%; na China, 4,6%; no Japão, 0,0%; na Alemanha, 0,05%; no Reino Unido, 0,5%; na França, 0,05%; na Índia, 7,25%.

De um lado, quem alimenta os lucros bancários é o povo, pois qualquer brasileiro que queira ou precise de um aporte financeiro tem que recorrer ao cheque especial ou ao cartão de crédito – cujos juros bateram, em média (2017), a casa dos 400% e 700% ao ano, respectivamente – e acaba entrando numa dívida impagável.

Como se pode ter uma sociedade de consumo se as pessoas vivem na miséria? O salário – que é a fonte de renda do povo – é ínfimo. Propositadamente? Sim, para que, se a pessoa precisar de mais dinheiro, seja obrigada a recorrer ao crédito, que alimenta o lucro dos bancos. Os salários baixos no Brasil refletem uma política de governo que estimula os lucros bancários. É deliberado, um sistema criminoso. Não por acaso, em 2017 o quadro de inadimplência no pagamento do cartão de crédito era de 80% nas classes D e E.

Há uma sucessão de obstáculos impostos ao povo, que, tendo no cheque especial e no cartão de crédito suas formas mais acessíveis de aporte financeiro, torna-se refém de um sistema bancário predatório. Não por acaso, os bancos registram recordes históricos no lucro ano a ano. De outro lado, esse notável desempenho em meio a uma das maiores crises econômicas brasileiras desde 1929 se deve, sobretudo, à dívida pública no Brasil. É o pagamento dos juros da rolagem da dívida pública o principal fator a alimentar o lucro dos bancos – que, assim, recebe pagamentos do povo duas vezes.

O que o governo paga em juros da dívida pública tem subido significativamente nos últimos anos. Em 2012, foram R$ 207 bilhões; em 2013, o valor passou para R$ 218 bilhões; em 2014 chegou a R$ 243 bilhões; em 2015 os valores somaram R$ 367 bilhões; tanto em 2016 quanto em 2017, a conta ficou na casa dos R$ 400 bilhões. A dívida total chega a absurdos e astronômicos R$ 3,9 trilhões.

O grande problema é que, do total das despesas constantes do orçamento da União, que o governo federal elabora todos os anos, ele destina nada mais nada menos que algo entre 40% e 50% de suas verbas somente para pagamento de juros da dívida pública. Comparada com os gastos do governo em setores essenciais, a diferença é brutal e extremamente criminosa com o conjunto da sociedade. Em educação, o investimento do governo federal é da ordem de 3,73%; em saúde, 3,98%; em segurança pública, 0,33%; em saneamento, 0,02%; em ciência e tecnologia, 0,28%; em cultura, 0,04%, além de outras áreas que recebem igualmente apenas alguns caraminguás.

Esse cenário revela duas realidades opostas: de um lado, deixa claro qual é o nível de aparelhamento do Estado e, de outro, expõe, comparado ao que se paga aos bancos, o desnível abissal da distribuição da aplicação de toda a riqueza produzida no país em setores fundamentais, para os quais, originalmente, o Estado arrecada impostos. Superávit primário, ajuste fiscal e austeridade no Brasil significam – quase sempre – cortar o que for preciso para manter rigorosamente em dia o pagamento das obrigações do governo, sobretudo as referentes aos juros da dívida pública.

É tão escandalosa a obsessão do governo em atender as demandas do mercado no orçamento público que, em entrevista à revista *Carta Capital*, a ex-auditora da Receita Federal e fundadora do movimento Auditoria Cidadã Maria Lucia Fattorelli afirma que "a dívida pública no Brasil é um megaesquema de corrupção institucionalizado".[140]

A dívida pública nada mais é do que uma complementação do financiamento do Estado que é tomada junto às instituições financeiras por meio da venda de títulos, lançados pelo Tesouro Nacional e negociados pelo Banco Central. Como a prioridade no orçamento do Estado é o pagamento dos juros sobre essa dívida – pois a liquidação mesma da dívida não interessa muito aos bancos nem o governo tem condições de fazê-lo –, esses títulos são concorridíssimos, devido justamente à segurança que oferecem aos investidores. Pode-se dizer que "financiar a dívida é, acima de tudo, do interesse de quem tem os meios para emprestar ao Estado, seria melhor para o Estado taxar os ricos em vez de pegar dinheiro emprestado deles".[141]

Por isso crises políticas geram crises econômicas e crises econômicas geram crises políticas: ambas geram insegurança no mercado em relação ao resgate ou pagamento dos juros dessa dívida.

Os títulos são uma das melhores oportunidades de negócio – além das obras públicas – oferecidas pelo Estado. E, assim como no universo das obras públicas, somente um grupo seletíssimo de instituições privilegiadas pode comprá-los.[142] O cidadão comum que queira investir no Tesouro Direto tem que adquirir os seus títulos dessas operadoras – os *dealers*, que, não por acaso, é também o nome que se dá ao jogador que distribui as cartas no pôquer. Os *dealers* são, portanto, senhores desse grande negócio oferecido, claro, como sempre, pelo Estado. Como vimos, o Estado brasileiro sempre foi – e é – o provedor dos melhores negócios do país. Não é por acaso também que, em busca de se apoderar do Estado, estamentos se digladiem numa luta feroz, suja e maquiavélica.

Analisando os dados dos estudos do movimento Dívida Cidadã, pode-se dizer que há, no Brasil, uma relação direta entre o pagamento dos juros da dívida pública e a austeridade que busca não deixar sair do alcance do governo o superávit primário. Excetuados os gastos com a dívida pública, percebemos que todos os demais gastos do governo ficam dentro do orçamento, portanto o problema do Brasil não seria de arrecadação, mas de uma melhor partilha do orçamento da União. A questão é que, em tempos de crise econômica, quando o governo arrecada menos, o superávit primário entra em risco e os *dealers* pressionam o governo por cortes no orçamento. Assim, os direitos sociais, trabalhistas, previdenciários entram na pauta.[143]

A classe política é vigorosamente financiada pelos *dealers*, de modo que, se a contrapartida do apoio de empreiteiras nas campanhas eleitorais são obras públicas, a contrapartida do investimento nas campanhas pelos *dealers* é o financiamento do déficit público nos bancos, entre outras operações. É esse o motivo de os bancos serem os principais financiadores de campanhas e candidatos desde as eleições de 1998.

Tais investimentos pelos bancos sempre lhes ofereceram uma excelente contrapartida. O governo FHC, por exemplo, criou, ainda em seu primeiro mandato, o Programa de Estímulo à Reestruturação e ao Fortalecimento do Sistema Financeiro Nacional (Proer). Graças a ele, bancos estrangeiros, tais como o HSBC e o Santander, entraram no Brasil mediante a compra de bancos nacionais, como o Bamerindus e o Real. Estavam todos, claro, atrás dos famigerados títulos públicos.

A compra de títulos da dívida pública passou de R$ 13,6 bilhões em 1994 para R$ 41,7 bilhões em 2001. O estoque de títulos públicos em poder dos bancos, que em 1994 era de R$ 53 bilhões, saltou para R$ 282 bilhões em 2001. Essa contrapartida de 171,5% no lucro das instituições financeiras foi sedimentando no país a parceria entre eleições e doações empresariais.

Atualmente, segundo dados do Banco Central, os doze *dealers*, ou seja, os jogadores e senhores das contas públicas no Brasil, são os seguintes: Banco do Brasil, Bank of America Merrill Lynch Banco Múltiplo S.A., Bradesco, BTG Pactual, Banco Safra, Santander, Banco Votorantim, Caixa Econômica Federal, Goldman Sachs, Itaú-Unibanco, XP Investimentos e Renascença DTVM. São essas instituições que compram e revendem os títulos do Tesouro Nacional, em cujo pagamento de juros se esvai quase 50% do orçamento federal.[144]

Duas coisas não interessam muito aos *dealers*: estabilidade econômica e juros baixos. Quanto mais estável e próspera uma economia, mais o governo arrecada e menos precisa dos empréstimos dos bancos. Essa lógica serve tanto para o governo como para o cidadão comum, pois em ambos os casos a rentabilidade e o lucro dos bancos caem.

A estabilidade e o bem-estar econômicos dependem, sobretudo, de juros reduzidos. A taxa de juros baixa torna as relações financeiras menos predatórias e dinamiza a economia porque estabelece um equilíbrio mais civilizado entre o investimento oriundo de capital meramente especulativo e que se direciona para o capital produtivo.

Desse modo, pode-se dizer que diversos fatores contribuíram para o desenvolvimento econômico entre os anos 2004 e 2012: a estabilidade da moeda, o controle da inflação, ganhos reais no salário mínimo que elevaram o poder aquisitivo do povo. Por trás disso tudo, porém, é inegável que um fator importantíssimo foi a queda dos juros básicos da economia. Ele partiu de 16,38% em 2004 e chegou a 9,9% em 2010; embora ainda alto, fez com que se começasse a ensaiar uma tendência de mudança na qualidade dos investimentos no Brasil, passando de capital especulativo para capital produtivo.

Essa era pelo menos a expectativa dos mentores da nova matriz econômica para o longo prazo. Mesmo vivendo um período de estabilidade política e econômica, investir no Brasil ou em qualquer outro país do terceiro mundo é sempre um risco alto, só compensado, portanto, se os lucros forem inversamente proporcionais, daí a histórica manutenção de juros altos no país. O capital especulativo, no entanto, obtém seu lucro meramente de operações de compra e venda, não da produção e do trabalho, que movimentam a economia, geram emprego, renda etc.

Nessa intrincada relação entre capital especulativo e capital produtivo nos rumos da economia, é inegável que no Brasil a pequena reestruturação da economia em 2017 e 2018 está diretamente ligada à queda da Selic, que passou de 14,15% em 2015 – cenário em que a rentabilidade dos investimentos era alta, o que atraía capital – para 6,75% em 2018, a menor taxa da história – panorama em que o custo do crédito diminui e o acesso a ele por pessoas e empresas contribui para a vitalidade da economia como um todo, não só apenas para investidores.

A maioria dos países desenvolvidos do capitalismo central tem uma taxa de juros baixa, o que estimula o uso do crédito e coloca em marcha o círculo virtuoso da economia: poder de compra, consumo, comércio e produção. A taxa de juros alta só interessa a investidores, e no Brasil menos de 1% da população tem sobras no orçamento para investir. Dados da Bolsa de Valores de São Paulo de 2017 indicam que há, no Brasil, pouco mais de 500 mil investidores, menos que a população carcerária do país, estimada em 700 mil pessoas.

No Brasil, toda vez que os juros – a taxa Selic – baixam e o governo estabiliza as contas, é como se os bancos perdessem mercado. Um caos vez ou outra parece que vem bem a calhar para os bancos, pois gera juros altos e dívida pública. Será essa a origem de nossas crises cíclicas?

Em 2014, os cinco maiores bancos do Brasil faturaram juntos quase R$ 60 bilhões. Em 2015, foram R$ 68 bilhões, aproximadamente. Em 2016, os ativos – bens, valores, créditos – desses cinco maiores bancos giravam em torno de R$ 6 trilhões. O Itaú-Unibanco aparece em primeiro no ranking, com R$ 1,426 trilhão, seguido de Bradesco, com R$ 924 bilhões; Santander, com R$ 674 bilhões; e BTG Pactual, com R$ 225 bilhões. Como se pode ver, em matéria de especulação financeira o país é pródigo em negócios.

Não é por acaso que só as instituições bancárias lucram com a crise. Quanto piores as finanças do povo e do Estado, melhor para os bancos. Eles são aqueles vendedores que, mal começa a garoar, aparecem oferecendo guarda-chuvas. Para quem negocia guarda-chuvas, uma tempestade de vez em quando é providencial.

Nesse sentido, pode-se dizer que os bancos trocaram os ensinamentos de Rousseau pelos de Maquiavel. De Rousseau, romperam com a ideia básica do contrato social, cujas cláusulas se reduzem a uma única: "A alienação total de cada associado, com todos os seus direitos, em favor de toda a comunidade [...] porque cada qual, se entregando por completo e sendo a condição igual para todos, a ninguém interessa torná-la onerosa para os outros."[145]

De Maquiavel adotaram o pragmatismo, que, diante da dúvida entre a crueldade e a piedade e se é melhor ser amado ou odiado, vaticina que:

"... é muito mais seguro ser temido do que amado [...] César Bórgia era considerado cruel; entretanto, essa sua crueldade tinha recuperado a Romanha, logrando uni-la e pô-la em paz e em lealdade. O que, se bem considerado for, mostrará ter sido ele muito mais piedoso do que o povo florentino, o qual, para fugir à pecha de cruel, deixou que Pistoia fosse destruída [...]. Os homens têm menos escrúpulo em ofender a alguém que se faça amar do que a quem se faça temer, posto que a amizade é mantida por um vínculo de obrigação que, por serem os homens maus, é quebrado em cada oportunidade que a eles convenha; mas o temor é mantido pelo receio de castigo que jamais se abandona".[146]

Não é correto dizer que os banqueiros provocam as crises, mas que, em economias fragilizadas, eles dinamizam e multiplicam seus lucros, isso é verdadeiro.

Contudo o maquiavelismo se revela não no processo de compra dos títulos da dívida pública, mas no de refinanciamento da dívida. É nessa hora que se cria um jogo em que manda quem pode e obedece quem tem juízo. O poder de negociação dos bancos com o Estado se multiplica na medida em que, por um lado, o governo não tem condições de liquidar os títulos anteriormente emitidos e, por outro, precisa vender novos títulos. Esse é o tipo de situação que favorece apenas os credores: não há ambiente mais propício para a extorsão do que aquele em que o devedor não se encontra em condições de quitar suas dívidas. Quanto menos dinheiro se tem, mais acaba se pagando pela rolagem da dívida, pelo parcelamento e pelos juros que vão incidir sobre todas essas operações.

No caso do Estado, como o volume do refinanciamento é altíssimo – em 2015 foram R$ 367 bilhões pagos apenas em juros para a rolagem da dívida – e a dependência dele de novos empréstimos para equilibrar seu orçamento também aumenta com a crise econômica, quem passa a determinar certas regras na negociação não é mais o Estado, mas, claro, os *dealers*.

Quase sempre a contrapartida exigida pelos *dealers* ao Estado – mesmo que de forma indireta – para a compra de novos títulos é o aumento dos juros, da taxa Selic, sem o qual o negócio não se torna atrativo. Assim, a taxa de juros no Brasil é uma das maiores do mundo justamente para atrair os *dealers* para comprar os títulos do governo.

Quanto maior, portanto, a dívida do governo que vai ser rolada, maior se torna a capacidade de negociação dos *players* do mercado financeiro – claro, com a balança pendendo para o lado deles. Desse modo, pode-se dizer que o controle da política financeira, monetária e fiscal do governo é – de certa forma – condicionado por esses *dealers*. Nesse cenário, o que dizer de um país onde o diretor do Banco Central é sócio e economista-chefe de um dos *dealers*, o Itaú-Unibanco?

O grande problema da dívida pública brasileira não é, no entanto, a dívida em si – muitos países do capitalismo central têm dívidas muito maiores–, mas o percentual de comprometimento dos gastos do governo no pagamento de juros. Enquanto no ano de 2015 o percentual do PIB comprometido com pagamento de juros foi de 1,3% no Japão; 0,2% no Chile; 0,4% na Rússia; 1,4% nos Estados Unidos e 2,5% na Alemanha, no Brasil esse percentual chegou a cerca de 12% do PIB. Esses números mostram que, quanto mais sólida uma economia, menor o poder dos bancos para impor taxas de juros e menor o percentual do orçamento destinado a pagar esses juros. No Brasil não há propriamente um embate entre bancos e governo, nenhuma tensão, nenhuma tentativa de renegociar essa dívida. Paga-se e ponto.

A desconexão entre os números brasileiros e a média dos números praticados nos países desenvolvidos tem a ver diretamente com as estreitas e perigosas relações no Brasil entre políticos e empresários. O montante correspondente ao pagamento de juros com que o país se compromete impacta os investimentos nos setores básicos – educação, saúde, segurança –, que têm até mesmo suas receitas desvinculadas para atender a voracidade do mercado financeiro.

Em 2015 foi aprovada a Proposta de Emenda Constitucional (PEC) 87/2015. Apresentada pela presidente Dilma Rousseff, propunha um aumento de 20% para 30% na Desvinculação das Receitas da União (DRU) até o ano de 2023. Com essa manobra, o governo poderá destinar, de acordo com seus critérios e para onde entender necessário – inclusive o pagamento da dívida pública – 30% das contribuições sociais, ou seja, da saúde, da assistência social e da previdência.

Isso é lamentável, porque, no caminho inverso, uma simples redução no percentual do orçamento da União destinado a pagar os juros da dívida – com a distribuição desse valor para as áreas reconhecidamente críticas e essenciais – resolveria problemas históricos do país e diminuiria a pressão sobre o povo que se faz com cortes de direitos trabalhistas, previdenciários e por meio de impostos elevados.

É bom que se diga, no entanto, que não se trata de criminalizar o comportamento e a ação dos bancos. Todo esse expediente está rigorosamente dentro da lei, de acordo com as regras. É da natureza das instituições bancárias a cobrança de juros, é esse o seu principal negócio, sem o qual não há nenhuma razão para sua existência. É também próprio da lógica do mercado que, em países em crise econômica ou política, onde o risco para o negócio de empréstimo é maior, a exigência de contrapartida dos credores – no caso, os juros e as garantias – seja maior.

No auge da crise, em 2014 e 2015, as notas do Brasil no mercado de crédito internacional foram rebaixadas para aquém do grau de investimento pelas agências de classificação de risco Standard & Poor's e Moody's. Para o país foi uma tragédia, na medida em que significou um alerta ao mercado internacional de que estava mais arriscado investir aqui, o que tornou mais difícil para o país negociar suas dívidas e obter novos empréstimos.

Quando isso acontece, não há outra solução a não ser aumentar juros para tornar o negócio mais atrativo, e esse aumento penaliza diretamente o povo. Mas é a regra do jogo do mercado. A responsabilidade por estar refém dessa situação é do próprio Estado, que vem negligenciando a solução dos seus principais problemas.

O Brasil se encontra, portanto, sequestrado por uma situação que historicamente criou para si mesmo. O fato é que jamais haverá um projeto sólido de nação no Brasil que não passe pelo enfrentamento dessa situação.

VII
AS DOAÇÕES ELEITORAIS

A partir das eleições de 2002 é possível acompanhar, no site do TSE (Tribunal Superior Eleitoral) e no site Transparência Brasil, a evolução extraordinária do volume de doações registradas para candidatos e partidos políticos até as eleições de 2014. O quadro é o seguinte, somando todos os doadores (pessoas físicas e jurídicas) para todos os partidos:

2002:   R$ 792.546.932,00
2004:   R$ 1.393.222.416,00
2006:   R$ 1.729.042.149,00
2008:   R$ 2.512.406.149,00
2010:   R$ 3.666.605.190,00
2012:   R$ 4.627.211.322,00
2014:   R$ 4.815.705.789,00

A construtora Odebrecht doou, em 2002, R$ 7.054.000,00 e, em 2014, R$ 111.785.034,00.[147] Em 2002 e 2014 a OAS doou, respectivamente, R$ 7.465.868,00 e R$ 187.475.922,00.[148] A UTC Engenharia, R$ 1.041.000,00 e R$103.684.805,00.[149] A Camargo Correia investiu em 2002 R$ 1.887.000,00 e R$ 103.212.120,00 (2010).[150] A JBS, R$ 103.000,00 em 2002 e R$ 774.371.733,00 em 2014.[151] A Galvão Engenharia, R$ 1.000,00 (2006) e R$ 28.674.371,00 (2014).[152] O empresário Eike Batista, em 2006, fez a doação de R$ 4.380.000,00 e, em 2010, de R$ 6.050.000,00.[153] A Cervejaria Petrópolis apoiou campanhas em 2002 com um aporte de R$ 1.150.000,00 e, em 2014, com R$ 101.135.262,00.[154] O Banco Itaú doou em 2002 R$ 7.255.255,00 e, em 2014, R$ 33.937.451,00.[155] O Banco Santander forneceu R$ 175.000,00 a campanhas políticas em 2006 e, em 2014, R$ 25.449.496,00.[156] O Banco BTG Pactual doou em 2010 R$ 4.125.000,00 e, em 2014, R$ 66.177.109,00.[157]

Essas são as doações oficiais, devidamente informadas ao TSE. O caixa dois, por meio do qual, segundo depoimento de Marcelo Odebrecht à Operação Lava Jato, são transferidos três quartos de todas as doações para campanhas, é um imenso e caudaloso rio subterrâneo. Nas doações oficiais entra o dinheiro legal do lucro das empresas doadoras, já no caixa dois entra todo e qualquer tipo de dinheiro, sobretudo dinheiro público, oriundo de superfaturamento de obras públicas, e não se deve descartar a possibilidade de entrar inclusive capital oriundo do crime organizado. Não por acaso, o grosso das doações é feito por meio de caixa dois, justamente para fugir do sistema legal de controle de movimentação financeira do país. Esse dinheiro anda como um rato pelos esgotos, porque não tem lastro, não tem origem lícita.

A maior fatia dos pagamentos de propina para políticos e agentes públicos – além de gastos gerais de campanhas – por meio de dinheiro de caixa dois foi feita no exterior, parte em paraísos fiscais e parte em bancos europeus, porém tudo por meio de *offshores*, que são contas bancárias criadas de forma anônima ou empresas abertas também de forma anônima para fraudar a fiscalização tributária do país de origem. O envio de dinheiro de forma ilegal – evasão de divisas – para contas no exterior é, aliás, a forma mais típica utilizada pelo crime organizado de um país. A Lava Jato descobriu que até mesmo ministros de Estado – inclusive o da Fazenda, responsável justamente pelo órgão do governo que coíbe esse tipo de crime – mantinham contas não declaradas no exterior. Pode-se imaginar o universo de recursos ilegais que as muitíssimas organizações criminosas brasileiras movimentam ao redor do mundo.

O volume de dinheiro enviado para fora do Brasil de forma ilegal é tão escandalosamente exorbitante que uma lei criada pelo governo federal, a 13.254, de 13 de janeiro de 2016, instituiu o Regime Especial de Regularização Cambial e Tributária (RERCT) de recursos, bens ou direitos não declarados, remetidos ou mantidos no exterior. Na repatriação desse dinheiro não declarado e depositado no exterior, incidiria a cobrança de imposto de 15% sobre ele. Isso gerou uma arrecadação de cerca de R$ 50 bilhões. Ou seja, se R$ 50 bilhões correspondem a 15%, voltaram para o Brasil mais de R$ 750 bilhões não declarados.

A pergunta que resta é: qual será o montante que ainda permanece escondido no exterior? Que dinheiro é esse? Qual a sua origem? Dinheiro público? Ilícito? A Receita Federal e a Polícia Federal deviam ter feito uma análise minuciosa dele. Não é só pagar imposto e retornar de forma legal ao país; isso é legalizar dinheiro sujo. O mais importante seria saber a origem, por isso cabe perguntar: a quem interessa o silêncio em torno desse dinheiro?

A partir de um fato como esse, aparentemente isolado, que foi tratado até com certo desprezo pela imprensa nacional, é possível pensar um pouco o destino do Brasil. Esse fato, que de isolado não tem nada, estabelece uma conexão direta entre o nosso presente e o nosso passado. Sempre no caminho do Brasil a "túnica rígida do passado inexaurível, pesado, sufocante".

Situações assim representam o Brasil mais uma vez voltando às suas origens: desde os tempos da colônia a prática estabelecida foi ganhar dinheiro aqui e enviar para o exterior – lembremos as denúncias do padre Antônio Vieira. Sempre se teve essa lógica perversa do capital ganho no Brasil e investido e gasto fora, portanto não gerando aqui nenhum tipo de desenvolvimento econômico ou social.

Esse avanço colossal das doações legais e ilegais entre os anos de 2002 e 2014 é revelador. Deixa clara e inequívoca a forma como funciona a política no Brasil: empresas privadas investem pesado em candidatos que, se eleitos – claro –, não poderão se furtar à obrigação de atender minimamente aos interesses das patrocinadoras.

Como vimos, entre as principais contrapartidas dos políticos às empresas doadoras estão – no caso de senadores e deputados federais – a aprovação de medidas provisórias que atendam a seus interesses financeiros e a atuação junto a órgãos de controle do governo – o Carf, o Cade, a Camex, o BNDES, entre outros –, no intuito de viabilizar negócios, contornar regras e empecilhos e aliviar multas e o peso das fiscalizações. Trata-se da tal venda de atos administrativos. Outro braço da atuação dessas quadrilhas é o financeiro, seja por meio de liberação de empréstimos e obras para determinados setores, seja por meio de incentivos fiscais. Seguindo a lógica revelada por Marcelo Odebrecht, segundo o qual não há no Brasil nenhum político que não tenha sido eleito com caixa dois, poderíamos inferir que também não há medida provisória aprovada no Brasil que não tenha sido objeto de negociação e de venda por parte dos políticos?

Esse é um cenário extremamente tenebroso, mas, diante da realidade que vivemos no país, infelizmente é também muito plausível.

Essa relação perigosa entre empresários, de um lado, e, de outro, funcionários públicos e políticos – que na prática atuam como agentes dessas empresas e lobistas infiltrados no poder – é o retrato do avanço selvagem e predatório do aparelhamento do Estado brasileiro por parte do estamento e do patrimonialismo que regem a nossa política. Essa convergência de interesses particularistas, dos quais cabia ao Estado ser a antítese, opondo-se a essa situação, vai gerar o maior escândalo de corrupção da história da humanidade e jogar o país no caos e na lama... mais uma vez.

VIII

O PAÍS DA INESGOTÁVEL FARRA SUBSIDIADA

A corrupção no Brasil se tornou endêmica, de maneira que lançou suas raízes por todos os mais importantes órgãos, autarquias, empresas estatais, secretarias do país. Todo setor que pudesse ter, de alguma forma, uma mínima função decisória sobre questões que envolvessem a relação entre governo e empresas e que, portanto, pudesse ser objeto de permuta, de negociação, de troca de favores, visando o recebimento de propina, foi aparelhado por políticos e partidos.

Afinal, o que justificaria que um empresário deixasse seus negócios, infinitamente mais rentáveis do que o salário de servidor público, para dedicar tantos anos de sua vida à política? Eis um dos maiores mistérios brasileiros, esse altruísmo de político para com o seu povo. Alguns políticos passam a vida toda no Senado, na Câmara: são mandatos e mandatos consecutivos. Não existe lógica que explique essa devoção à vida pública do país, salvo se a vida parlamentar – no Brasil – não fosse, claro, a porta de acesso para negócios bilionários.

Desse modo, quanto maior a relevância e o volume das demandas de que cuidava, mais importante se tornava o órgão. Nesse aspecto, o BNDES (Banco Nacional de Desenvolvimento Econômico e Social), que é o braço pródigo do Estado, a galinha dos ovos de ouro do estamento, não por acaso foi – junto com a Petrobras – a maior vítima do crime organizado. Entre os anos de 2009 e 2014, o BNDES manteve o PSI (Programa de Sustentação de Investimentos), voltado para conceder empréstimos a grandes empresas brasileiras e multinacionais, que movimentou o montante de R$ 500 bilhões.

Nesse programa, o volume de empréstimos a grandes empresas foi crescendo ano a ano a partir de 2011, quando foram emprestados R$ 80 bilhões. Em 2012 foram R$ 97 bilhões; em 2013, R$ 117 bilhões; e, em 2014, R$ 120 bilhões. Entre as empresas que tomaram esses empréstimos estão: a Fiat-Chrysler, com R$ 3 bilhões e juros de 4,7% ao ano; o grupo Vale, com R$ 3 bilhões e juros de 4,2% ao ano; a Renault, com R$ 1,5 bilhão e juros de 5,1% ao ano; a Ford, com R$ 1,2 bilhão e juros de 4% ao ano; a TIM, com R$ 1 bilhão e juros de 3,5% ao ano. A Petrobras, não por acaso – como descobriríamos depois, com a Operação Lava Jato –, foi a empresa que mais recebeu recursos: mais de R$ 11 bilhões. Diante da delação da Odebrecht, sabemos qual foi a contrapartida da Petrobras. A pergunta que não quer calar é a seguinte: qual terá sido a contrapartida, para partidos e políticos, de todas essas outras empresas pela concessão desses empréstimos? Porque no Brasil, como vimos, nada se faz de graça, uma mão lava a outra.

No caso das montadoras de automóveis, que, embora não figurem entre as maiores doadoras de campanha, são grandes beneficiárias dos empréstimos do BNDES, elas pagavam percentuais a políticos e partidos sobre cada empréstimo obtido. Outro "serviço" que era oferecido por políticos e partidos às principais montadoras era o de venda de medidas provisórias de desoneração fiscal. Estima-se que uma medida provisória 471, de 2009, que gerou incentivos fiscais da ordem de 1,3 bilhão por ano, tenha custado às montadoras cerca de R$ 36 milhões em contrapartida a agentes públicos. Outras duas medidas provisórias, a 512, de 2010, e a 627, de 2013, causaram prejuízo de mais de R$ 2 bilhões aos cofres públicos e, claro, renderam alguns outros milhões em propina. A mente dos políticos funciona da seguinte maneira: por que aprovaríamos uma medida provisória que beneficiaria uma grande empresa qualquer, poupando-lhe milhões em impostos? A ladainha oficial diria que era para gerar empregos etc. etc., mas nos bastidores a aprovação do incentivo era acatada por razões bem menos nobres: era o volume do "dá cá" que o beneficiário estava disposto a pagar que determinava a agilidade e o empenho em viabilizar o "toma lá". Nada além disso. Como se pode ver, políticos e partidos atuavam em todas as esferas no sentido de transformar as ações do governo em negócios particulares. Era uma feira, a feira do rolo.

Tratando-se especificamente do BNDES e analisando o caso de três grandes empresas implicadas na Operação Lava Jato, podemos ter a dimensão e uma noção de como o esquema doação eleitoral x contrapartida de empréstimos do BNDES funcionava.

Vejamos.

O VICE-REINADO DA ODEBRECHT

A empreiteira Odebrecht, maior envolvida no esquema desbaratado pela Operação Lava Jato, obteve empréstimos do BNDES no valor de R$ 28 bilhões para obras em pelo menos oito países. Ao todo são cerca de quarenta linhas de crédito abertas pelo banco com prazos a perder de vista e juros muito abaixo – cerca de 5% ao ano – dos praticados para empresas comuns e a anos-luz de distância dos pagos pelos cidadãos.

Em Angola foram investidos R$ 8 bilhões em pelo menos seis obras, que incluem hidrelétricas, conjuntos habitacionais e até mesmo projetos de saneamento básico. Na República Dominicana foram postos R$ 6 bilhões em obras como termelétricas e estradas. Para a Argentina foram direcionados cerca de R$ 9 bilhões para uso em gasodutos e estações de tratamento de água. O Equador recebeu cerca de R$ 900 milhões voltados para hidrelétricas e projetos de irrigação. Na Guatemala investiram-se R$ 800 milhões na construção de rodovias. À Venezuela chegaram por volta de R$ 20 bilhões em contratos, sobretudo em obras de metrô. Em Moçambique foram outros R$ 800 milhões investidos, principalmente na construção de aeroportos. Em Cuba, o porto de Mariel consumiu cerca de R$ 3 bilhões.

Essas são algumas das obras no exterior financiadas pelo BNDES para a empreiteira Odebrecht. No Brasil são inúmeras obras ao longo dos anos.

O volume de contrapartidas para as empreiteiras em relação às doações eleitorais se fazia por meio do investimento do governo em obras, por exemplo, o PAC (Programa de Aceleração do Crescimento) desde 2007. Segundo dados do governo, os investimentos do programa somaram R$ 1,9 trilhão até 2015, feitos na construção de portos, aeroportos, rodovias, hidrovias e ferrovias. No setor elétrico foram levados a cabo grandes empreendimentos, como as usinas hidrelétricas de Belo Monte (PA), Santo Antônio (RO), Jirau (RO) e Teles Pires (MT). No setor de refino e petroquímica, o PAC impulsionou uma importante cadeia produtiva, que inclui as indústrias naval, mecânica, siderúrgica e metalúrgica, inclusive a refinaria Abreu e Lima (PE). Essa refinaria teve um orçamento inicial de 2,5 bilhões de dólares e não deverá sair por menos de 18,5 bilhões de dólares. A Operação Lava Jato já identificou pagamentos de propinas nessa obra.

A Copa do Mundo e a Olimpíada no Brasil também geraram, como vimos, uma forte demanda por construção de estádios – foram erguidos ou reformados 14 – e melhorias na infraestrutura urbana. Desse modo, as receitas das maiores empreiteiras do Brasil estavam fortemente vinculadas aos contratos públicos. Na Odebrecht somavam 62%; na Camargo Correia, 35%; na Andrade Gutierrez, 72%. Já a Queiroz Galvão tinha 100% de sua receita proveniente de contratos com o setor público.

Essa dependência quase que total do Estado vai ser um prato cheio para políticos e partidos. Tanto que, na delação da Odebrecht à Lava Jato, são apontados nove presidentes da República, ou seja, nada mais nada menos que todos desde a redemocratização do país, além de vários ministros de Estado, pelo menos 28 senadores, no mínimo 42 deputados federais, vários governadores e diversos funcionários públicos, diretores de estatais e de agências reguladoras.

A Odebrecht também teria atuado intensamente na encomenda e compra de medidas provisórias. Teriam sido pelo menos doze medidas provisórias, entre elas a MP 252/05, a MP 255/05, a MP 449/08 (que perdoava dívidas fiscais com o governo federal inferiores a R$ 10 milhões e permitia parcelar débitos superiores em até 180 meses), a MP 460/09 (que reduzia os impostos das construtoras nos contratos de construção de moradias firmados dentro do Programa Minha Casa, Minha Vida), a MP 470/09 e a MP 472/09 (que criavam incentivos para o desenvolvimento de infraestrutura da indústria petrolífera nas regiões Norte,

Nordeste e Centro-Oeste, com dedução ou isenção de impostos), a MP 544/11 e a MP 563/12 (que tinham como objetivo fortalecer a indústria nacional por meio de desonerações e financiamento a exportações), a MP 579/12, a MP 613/13 e a MP 651/14 (que previam a desoneração da folha de pagamento, o refinanciamento de dívidas com o governo federal e outras alterações tributárias).

Todas, de uma forma ou de outra, atendiam aos interesses imediatos de empresas doadoras de campanhas eleitorais. Uma das mais polêmicas foi a Medida Provisória 627, encomendada pela Odebrecht e criada em 2013, na gestão da presidente Dilma Rousseff, que instituía regras para a cobrança de tributos sobre o lucro que empresas brasileiras tivessem no exterior. A Odebrecht tinha grande interesse nessa MP, pois, como vimos, mantinha um grande portfólio de obras executadas na América Latina e na África. A aprovação da MP evitaria o crescimento de impostos para empresas que realizavam obras no exterior e, consequentemente, aumentaria seus lucros líquidos.

O vice-reinado da Odebrecht chegou a tal ponto que, segundo depoimentos à Lava Jato, o departamento jurídico da empresa redigia as medidas provisórias de acordo com os interesses da empresa e as enviava para que deputados as submetessem ao Congresso. A farra subsidiada levou a Odebrecht a se tornar a maior empreiteira do Brasil e da América Latina e uma das maiores do mundo.

São as mãos taumaturgas do Estado transformando em ouro tudo em que tocam.

O VICE-REINADO DA JBS

A JBS doou, de forma legal, mais de R$ 770 milhões para campanhas eleitorais somente em 2014. Usando a lógica de que doações legais correspondem a apenas um quarto do montante de fato entregue, dá para se ter uma ideia da dimensão da doação da JBS. O que levaria uma empresa a doar quase R$ 3 bilhões para políticos e partidos em uma única eleição?

O esquema era o mesmo formatado desde sempre: doação eleitoral e propina, de um lado, e contrapartida de toda forma – empréstimos do BNDES, medidas provisórias, influência em órgãos governamentais – do outro. Só por uma medida provisória sobre desoneração tributária do setor de frangos, a JBS teria pagado R$ 20 milhões.

O grupo JBS é outro caso de como abundam empréstimos para aqueles que participam do ciclo do estamento no Brasil. Do BNDES a empresa recebeu cerca de R$ 10 bilhões. Segundo a delação da empresa, quem viabilizava a liberação de empréstimos naquele banco eram ninguém mais ninguém menos que ministros de Estado, inclusive o da Fazenda – claro, mediante pagamento de propina.

Além dos empréstimos, para operacionalizar a expansão internacional do grupo, o BNDES entrou também como sócio da empresa, comprando cerca de 21% de suas ações. Segundo o TCU (Tribunal de Contas da União), o BNDES forneceu financiamento para todas as aquisições de empresas pela JBS no exterior. Em 2005, o BNDES emprestou R$ 80 milhões para a JBS comprar o frigorífico argentino Swift Armour. Em 2006, novo empréstimo de R$ 1,46 bilhão, para comprar a estadunidense Swift & Co e a Pilgrims. Em 2007, mais R$ 2,5 bilhões para arrematar o Bertin. Estima-se que várias dessas operações redundaram em prejuízo para o BNDES de pelo menos R$ 700 milhões.

Com a parceria do Estado, a empresa se torna uma das maiores do mundo no ramo de alimentação. Em 2006, ainda no início de sua expansão, estima-se que seu faturamento girava em torno de R$ 4 bilhões. Dez anos depois, em 2016, o faturamento havia saltado para incríveis R$ 170 bilhões. Nesse espaço de tempo a JBS expandiu seus negócios para mais de trinta países. Em 2014, graças ao enorme aporte do Estado, ela se tornou a segunda maior empresa de alimentos do mundo e a primeira em proteína animal. Além disso, em 2010 o BNDES emprestou R$ 3 bilhões para o grupo JBS fundar a maior empresa de celulose do planeta, a Eldorado Brasil.

No Brasil, a influência que a empresa exerce sobre o Conselho Administrativo de Defesa Econômica (Cade), órgão do governo que tem como objetivo fiscalizar, prevenir e impedir abusos de poder econômico, sobretudo evitando a formação de cartéis e monopólios, permitiu, ironicamente, que a empresa se transformasse num grande monopólio, em prejuízo do consumidor, como esperado.

Outra denúncia levantada pela Operação Lava Jato contra a empresa é a de ter recebido de agentes públicos informações privilegiadas sobre a variação da taxa de juros. Essas informações valem ouro, por isso são extremamente confidenciais. Alguém que saiba de antemão sobre a alteração de juros pode auferir verdadeiras fortunas. No Brasil, tendo financiado as campanhas de mais de 1.800 candidatos, elegendo 179 deputados estaduais e 167 federais nas eleições entre 2006 e 2014, a maior bancada no Congresso não era a de um partido político, mas a da empresa JBS. Veja a que ponto chegamos. A corrupção, a propina, o cartel, o monopólio praticados no Brasil corroem a competitividade das empresas e tornam cada vez mais crônico nosso já enorme descompasso com o mundo desenvolvido.

Para se ter uma ideia do que significam os empréstimos do BNDES ao grupo JBS, que de acordo com a *Operação Bullish* da Polícia Federal foram da ordem de R$ 8 bilhões, basta sabermos que foram destinados, do orçamento federal de 2013, recursos no valor de R$ 9,5 bilhões ao setor de ciência e tecnologia, ou seja, 0,34% do PIB. Só em termos de comparação, em Israel são 4,2% do PIB; na Finlândia e na Coreia do Sul, 3,6%; no Japão, 3,4%; nos países da União Europeia, na faixa de 3,5% do PIB. Ou seja, o governo investe mais em empréstimos para empresas particulares do que em ciência e tecnologia. E a razão desse disparate é uma só: propina.

Em ambos os casos – JBS e Odebrecht – percebe-se que não foram as empresas, mas o Estado o grande agente da economia do país. É o Estado provedor que determina, por meio da destinação do dinheiro do povo, as prioridades da nação. Quase sempre essas decisões, como ficou claro na Lava Jato, foram tomadas mediante corrupção, propina. Ou seja, sem o Estado, como sempre no Brasil, nada viça. É ele que define – por meio dos seus agentes e dos políticos – o que prospera e o que não prospera, o que abre e o que fecha, o que é prioritário ou não, tudo de acordo com as contrapartidas previamente definidas num jogo de cartas marcadas.

Com toda a capitalização ofertada pelo Estado brasileiro, o grupo JBS tem hoje cerca de 80% de suas operações instaladas e gerando empregos e impostos em outros países. Muitos deles, irônica ou tragicamente para a economia brasileira, concorrentes do Brasil na oferta de proteína animal no mercado internacional.

Em 24 de outubro de 2017, o presidente Temer sancionou o Refis, um programa para permitir a pessoas físicas e empresas a renegociação de dívidas tributárias. A JBS aderiu a ele e, de sua dívida ativa de R$ 4,5 bilhões com o governo, conseguiu um desconto de mais de R$ 1 bilhão. A primeira pergunta que não quer calar é: como uma empresa com esse nível de endividamento com o governo consegue tantos empréstimos e subsídios públicos? A segunda é: como uma empresa condenada no maior esquema de corrupção do país pode ainda obter benefícios do governo? A resposta para essas perguntas elementares todos nós sabemos.

Esse é o nível do descaso com o país a que chegou uma organização criminosa formada por empresários, agentes públicos e políticos cuja única preocupação era com seus interesses particulares.

O VICE-REINADO DO IMPÉRIO X

A descoberta do pré-sal foi fundamental não para o país somente, mas para o estamento, pois gerou uma gigantesca oportunidade de negócios. A Petrobras negociou na bolsa de valores seus papéis e fez a maior captação da história do capitalismo, cerca de R$ 120 bilhões. Na esteira dessa descoberta, o Brasil se transformaria num canteiro de obras: refinarias, estaleiros, plataformas, navios. Além da Odebrecht, que operacionalizaria grande parte das obras em terra para que a Petrobras viabilizasse a exploração do pré-sal, outro grupo empresarial ganhou o beneplácito e foi ungido pelo Estado, e é nesse contexto que entra em cena a figura do empresário Eike Batista.

Com o impacto do anúncio de tal descoberta no mercado internacional e com a consequente valorização da Petrobras, Eike se transformou no grande senhor desse processo, pois foi o escolhido pelo governo para ser o concessionário da exploração dessa enorme riqueza. Com essa jogada de mestre, com a ajuda do governo concedendo-lhe empréstimos do BNDES de cerca de 10 bilhões de reais e com as vendas de ações de sua empresa – OGX –, que se tornou uma das mais valorizadas do mundo, ele se tornaria, meio sem querer, de forma abrupta, instantânea, da noite para o dia, de acordo com a revista *Forbes*, o oitavo homem mais rico do mundo, com uma fortuna estimada em 30 bilhões de dólares. Só no Brasil – a terra do conto do bilhete premiado, no qual centenas de pessoas caem ainda hoje – é possível uma coisa dessas.

Como não poderia ser diferente, tamanho improviso não deu em nada e logo as grandes dificuldades na exploração do pré-sal levaram a empresa OGX a uma crise. Ato contínuo, como uma espécie de desabrochar de uma flor cadáver, a coisa toda começou a exalar o peculiar cheiro de podre. A Operação Lava Jato puxou aí também uma peninha e veio outro galo, ou seja, descobriu que todas as operações – empréstimos, concessões etc. – nesse caso tinham seguido exatamente o mesmo *modus operandi* de sempre: pagamento de propina para agentes públicos federais e estaduais, entre eles governadores de estado.

Era uma novela de extremo mau gosto que não acabava nunca: o enredo era sempre o mesmo, a trama e até os personagens também, sobretudo os bandidos.

...

Em qualquer nação do mundo o governo concede empréstimos subsidiados ao setor privado no intuito de aquecer a economia. Foi assim em quase todos os países depois da Segunda Guerra Mundial. A intervenção do Estado para garantir o pleno emprego foi a salvação de países como os Estados Unidos, atuando em um ambiente econômico fragilizado, com um povo momentaneamente empobrecido e impossibilitado de alavancar a economia. No Brasil esse capitalismo de Estado – que, nas circunstâncias especiais do pós-guerra, foi uma política utilizada por muitos países – é a regra.

Com os empréstimos do BNDES, o governo transforma interesses

– ou crises – setoriais e particulares em questão nacional. Tudo em detrimento da grande questão nacional que é o povo, pois esses recursos resolveriam problemas que se arrastam há séculos no Brasil, como os de ordem sanitária, de infraestrutura, de educação e saúde.

Esses três casos de relação entre empresas e agentes públicos, políticos e partidos investigados pela Operação Lava Jato nos revelam que a prodigalidade do Estado no Brasil não tem limites. Como vimos, todos que fecharam parceria com o estamento e a ele resolveram se associar se tornaram os maiores do mundo. Esse é, inclusive, um dado interessante a se observar: ele nos coloca diante de uma questão curiosa que é a de que, se temos capacidade de constituir grandes grupos empresariais a ponto de abrir concorrência com as maiores empresas do mundo, por que não aproveitamos esses nichos de negócios – oportunidades extremamente raras em um mundo de economia globalizada – e fazemos um projeto de nação? Por que não transformamos essas oportunidades em uma forma de gerar riqueza para o país e, consequentemente, para o povo?

Não fazemos porque no Brasil vigora uma lógica perversa: a de que o bolso dos empresários é o guia dos políticos e a ganância dos políticos é o guia dos empresários. Diz-me aonde queres chegar e quanto queres pagar e eu te indicarei o caminho. Esse é o versículo principal da bíblia da corrupção no Brasil.

Essa associação de grupos de empresários com a camada dirigente tendo em vista grandes negócios não seria uma reedição perpétua daquela prática que começou na época das grandes navegações marítimas e durante o Brasil colonial, quando o príncipe tomava o Estado como sua empresa particular? O grande enigma nacional seria, nesse caso, o "da irredutibilidade de uma condição que não apenas se prende ao passado, mas o reproduz como num pesadelo que nos captura e asfixia".[158]

Com essa disparidade de oportunidades, vivemos, sem dúvida, num mundo hobbesiano, onde os mais fortes – aqueles que podem bajular os detentores do poder com doações generosas em campanhas eleitorais – sobressaem aos mais fracos. Segundo a tese de Hobbes, quando o desejo de alguns se sobrepõe ao da maioria, vivemos em um estado de natureza, numa luta de todos contra todos. O Estado tem por objetivo estabelecer um estado democrático de direito em que se possa construir um projeto de nação que seja a síntese ou a convergência do desejo de todos. No Estado patrimonialista brasileiro, a disparidade do tratamento dado pelo Estado a seu povo e aos membros do seu estamento rompe com o pacto social.

Aqui, ainda, o homem é o lobo do homem.

IX
IMPEACHMENT OU UM DUELO NO INTERIOR DO ESTAMENTO?

Em 2014, em meio ao caos, denúncias, prisões, condenações de políticos e empresários, foram realizadas eleições para presidente. No segundo turno, disputaram a candidata à reeleição Dilma Rousseff e Aécio Neves. Dilma foi reeleita com três pontos percentuais de diferença de votos (51,6% contra 48,3%). No entanto, o que mais chamou a atenção, depois da crise de representatividade política dada pelos escândalos do Mensalão e do Petrolão, foi quanto os números revelaram da desesperança do povo com a política – 1.921.819 (1,7%) eleitores votaram em branco; 5.219.787 votaram nulo (4,6%) e 30.137.479 se abstiveram de votar (21,1%).

Quase 30% dos eleitores não votaram ou votaram em branco ou nulo. Foi um indício inequívoco de que o povo havia cansado do descaso dos políticos com o seu voto, a ponto de se venderem em troca de benefícios particulares. No ano de 2015 o país entrou em um estado de letargia total por causa de uma crise política que se tornou econômica e de uma crise econômica que, ao se agravar, piorou a crise política. Crises econômicas são inerentes ao capitalismo, são cíclicas. O Brasil, que é um país fortemente dependente do humor internacional, é muito suscetível a qualquer recessão na economia mundial. Mas é verdade também que a corrupção potencializa essas crises. A crise que vivemos hoje foi elevada à décima potência justamente por conta de uma corrupção que se tornou sistêmica.

No ano de 2015, à medida que a Operação Lava Jato avançava, também se aproximava cada vez mais da cúpula do poder. E acabou por revelar que o Brasil é um país *sui generis*: aqui não existe direita e esquerda, aqui não existe situação e oposição, todos os políticos estão de um mesmo lado: o deles. Lado oposto, obviamente, ao do povo. Em todo o período de redemocratização, de Collor até Michel Temer, vale o ditado que corria durante o Império de que não há nada mais conservador do que um liberal no poder.

No Brasil, desse modo:

"... o estamento burocrático comanda a administração com aparelhamento próprio. Invade e dirige a esfera econômica, política e financeira. No campo econômico, as medidas postas em prática alcançam desde as prescrições financeiras e monetárias até a gestão direta das empresas, passando pelo regime das concessões estatais e das ordenações sobre o trabalho. Nas suas relações com a sociedade, o estamento diretor provê acerca das oportunidades de ascensão política, ora dispensando prestígio, ora reprimindo transtornos sediciosos, que buscam romper o esquema de controle. No âmbito especificamente político, interno à estrutura, o quadro de comando se centraliza, aspirando, se não à coesão monolítica, ao menos à homogeneidade de consciência, identificando-se às forças de sustentação do sistema. A estrutura se mantém, senão ao preço de muitas tensões e conflitos. Grupos, classes, elites, associações tentam, lutam para fugir ao abraço sufocador da ordem imposta de cima".[159]

O Brasil não é um país simples de se entender. Para se compreender o Brasil é preciso analisá-lo a partir de uma multiplicidade de possibilidades. O impeachment, por exemplo, foi conduzido dentro daquilo que determina a constituição, com ampla publicidade, comandado pelo Supremo Tribunal Federal. O crime de responsabilidade ocorreu, ou seja, foram cumpridos todos os ritos. Nesse sentido, não podemos dizer que foi um golpe. Por outro lado, prática comum em vários governos, as pedaladas fiscais poderiam muito bem ter passado despercebidas, como sempre passaram. Mas o que levou ao impeachment de Dilma não foram as chamadas pedaladas fiscais, mas sim a perda de sua base de sustentação política. Se ela tivesse forte apoio na Câmara dos Deputados e no Senado, o impeachment não teria passado.

Quando não se tem essa base, as tais pedaladas fiscais, que poderiam ter sido ignoradas, como sempre foram, podem se tornar um crime de responsabilidade fiscal, como se tornaram. Como vivemos numa democracia, a Presidência precisa ser referendada quase que cotidianamente pela Câmara e pelo Senado. O presidente não governa sozinho e, no escândalo do Mensalão, ficou claro que a compra de deputados, a compra de apoio para votar com o governo, havia se tornado uma constante no Congresso.

Seguindo algumas pistas, é possível levantar certas suposições sobre o impeachment. À medida que a crise econômica se agravava, o governo – sobretudo o PT – foi se encontrando cada vez mais preso em uma sinuca de bico. Enquanto eram apenas casos de corrupção envolvendo os mandatários do país e seu entourage, seguia o barco. Do ponto de vista do mercado, o problema só começa quando a crise política se transforma em crise econômica e passa a colocar em risco o superávit primário. Como as soluções propostas ao governo eram ou aumentar impostos ou cortar gastos sociais ou fazer mudanças sensíveis – como as reformas trabalhista e previdenciária –, os dados foram lançados e, no rolar deles, quem afinou seu discurso com o diapasão das demandas do mercado ganhou de presente o poder. Desse modo, pode-se dizer que, embora envolvido em casos de corrupção, Temer fica no poder somente porque resolveu atender as demandas do mercado, da mesma forma que o PT da Carta ao Povo Brasileiro, que antecedeu o primeiro governo Lula, destilou o canto de sereia que o mercado queria ouvir. A lógica do mercado foi: já que estão todos afundando no mesmo barco, quem oferecer o melhor negócio vai para o bote salva-vidas.

É por isso que – embora tenha sido apenas o primeiro passo dado em direção à exigência apresentada pelo povo nas grandes manifestações de 2015, que era o fim da corrupção – o Brasil vive um momento tão surreal que o impeachment foi um detalhe que não encerrou a crise política no país justamente porque não atendeu as demandas do povo.

Pelo contrário, à medida que as investigações avançam, mais o país se assombra com a dimensão do problema.

Todos aqueles que conduziram o processo de impeachment estavam diretamente envolvidos com a corrupção. O presidente da Câmara que acolheu o pedido de afastamento da presidente no Congresso foi preso, vários deputados foram delatados, diversos ministros do governo foram implicados em corrupção por delatores e, por fim, o próprio presidente foi envolvido no esquema. Desse modo, a pergunta que restava responder era: qual a legitimidade do governo? Por mais que procurassem se descolar do partido e da presidente deposta, a verdade era que todos haviam caminhado juntos nas últimas duas décadas. Mas nos bastidores políticos costuma-se dizer que o melhor cenário para um presidente governar é a falta de popularidade, de aprovação popular – pois não se tem capital político eleitoral para perder. Com 3% de aprovação ao presidente Temer, esse era o melhor dos mundos possíveis.

O novo governo, de onde floresceu um tubaronato, era tão ruim ou pior do que o que havia saído. Pudera! O governo que assumiu o poder, embora quisesse se tingir de cores novas, era uma colcha de retalhos anacrônica. Desse modo, não podia ser outra coisa senão uma peça bufa. A foto do elenco era um festival de horror, com velhos senhores assustados com o bafejo da Polícia Federal na nuca, ávidos em busca do foro privilegiado e meio que constrangidos pela carência de popularidade e legitimidade do governo.

E, na aparência de normalidade que criaram em torno de si e na peculiaridade histórica brasileira, essa "camada dirigente atua em nome próprio, servida dos instrumentos políticos derivados de sua posse do aparelhamento estatal [...]. A nação é dirigida, assim, por um organismo que lhe é alheio, porque sua legitimidade dela não emana, porque dela se afasta".[160]

O que talvez tenha ficado mal compreendido foi que o "não" para a presidente – expresso no desejo do povo por meio de manifestações de rua – não era, no fundo, um "não" à pessoa física, mas ao projeto e, portanto, a todos que participavam dele. Tratava-se de um "não" à corrupção que assolava o país. Porém, no Brasil, o apego ao poder turva nos políticos uma virtude nobre: a grandeza de espírito. Na Inglaterra, o primeiro-ministro David Cameron teve a grandeza de renunciar quando se posicionou contra o Brexit e o povo votou a favor. Sua sucessora, Theresa May, que é a favor do Brexit, teve a grandeza de convocar eleições antecipadas – seu mandato duraria mais dois anos – para que o povo inglês legitimasse mais uma vez a decisão de saída definitiva da Comunidade Europeia. Fosse o Brasil a Inglaterra, certamente o presidente teria convocado uma eleição após o impeachment para perguntar ao povo se ele – o povo – realmente o queria no poder. Por isso no Brasil tudo carece de legitimidade: não existe a grandeza.

O grande problema do presidencialismo de coalizão no Brasil, com essa quantidade enorme de partidos, é que tudo é possível e não se governa mais o país sem distribuir fartos benefícios para a infinitude de partidos que tornam o governo ora refém, ora cúmplice, de acordo com os interesses em jogo. Essa é a política no Brasil. Nos meses que antecederam as duas votações na Câmara para autorizar ou não que o Supremo Tribunal Federal abrisse processo contra o presidente Temer pelas denúncias de corrupção contra ele, foram liberadas diversas emendas parlamentares aos deputados: R$ 158 milhões em agosto de 2017, R$ 273 milhões em setembro e R$ 687 milhões em outubro.

É assim que se faz política no Brasil. E, desse modo, a crise que se iniciou com as investigações da Lava Jato ainda não chegou ao fim. Enquanto os políticos que ficarem no poder forem aqueles todos que estão citados na Operação, o governo não terá legitimidade e a democracia continuará murchando aos poucos.

Em países onde existe um sólido projeto de nação – Estados Unidos, Alemanha, Inglaterra, França, entre tantos outros –, as mudanças no comando do governo são feitas de forma muito discreta e, se provocam algumas alterações, são apenas de superfície. No Brasil, a falta de projeto de nação faz com que uma troca de governo, que deveria ser algo corriqueiro, superficial e extremamente saudável para a manutenção de um regime democrático, se transforme num evento traumático, pois é como se, a cada governante eleito, o Brasil começasse de novo.

No Brasil não existe povo. Isso porque os governantes se mantêm alheios às demandas do que seria seu povo, surdos ao clamor das ruas, de modo que sua agenda é a agenda do mercado. O governo, chafurdando na lama da corrupção e de costas para o povo, se aproveita do ambiente convulsionado para se sustentar no poder, atendendo até as últimas consequências as demandas do mercado. Na mesa atual, além da lei que congela gastos, estão o refinanciamento de dívidas de empresas envolvidas em corrupção e as reformas previdenciária e trabalhista. No entanto, por mais que elas tenham que ser discutidas, é óbvio que não é a hora de fazer mudanças tão drásticas, em meio a um ambiente tão convulsionado e de extrema desconfiança do povo para com os políticos.

No Brasil, todo candidato que queira se eleger ou presidente que queira se manter no poder deve entoar o mantra do superávit primário, como vimos. Ele é a sinalização mais eficiente, espécie de senha para que o mercado tenha a certeza de que pode investir no país. Essa segurança e esse investimento desencadeiam movimentos na economia do país que levam ao crescimento econômico e ao apaziguamento das crises políticas e sociais, mas vão na contramão das demandas do povo. Nesse movimento, por exemplo, o governo Temer aprovou uma emenda constitucional – 95/2016 – que, para manter o superávit primário, determina o congelamento dos gastos públicos por vinte anos. Foi música para os ouvidos do mercado, e o que era apenas uma prática se transmutou em lei. A reforma da Previdência é outro passo na direção da manutenção do superávit primário. O Estado não está preocupado com a aposentadoria do povo, assim como não está com a saúde nem com a educação: a questão é reformar a Previdência para não permitir que a parcela do orçamento da União destinada ao pagamento de aposentadorias e pensões avance e, com isso, reduza a fatia reservada para o pagamento dos juros da dívida pública.

O Estado brasileiro, desde Getúlio Vargas e JK, como vimos, optou por antecipar o desenvolvimento abrindo as portas do país para indústrias e bancos multinacionais. Ótimo. Porém hoje, dada a situação de crise, o país se nivela por baixo, ou seja, tem que oferecer, em relação a outros países subdesenvolvidos, as melhores condições: juros altos, subsídios, incentivos fiscais, isenções etc.

A emenda constitucional de congelamento de gastos públicos não só mantém pelos próximos vinte anos essa realidade como, ao fazê-lo, condena o povo a conviver com as péssimas condições de educação, saúde, segurança etc. existentes, já que os investimentos nessas áreas ficam congelados. O que a classe política brasileira talvez não tenha entendido é que o povo – depois dos enormes investimentos para a Copa do Mundo e a Olimpíada e do escandaloso esquema de corrupção revelado pela Operação Lava Jato – não aceita mais nenhum tipo de solução que não seja um projeto que promova a participação dele na divisão da riqueza produzida pelo conjunto da sociedade.

Não seria essa a demanda principal do povo? Até quando os agentes públicos vão voltar as costas a essa verdade singela? Não seria hora de o Brasil, dado o fundo do poço a que chegamos, enfrentar essa situação?

Mas...

X
UMA REPÚBLICA DE WEIMAR TROPICAL?

Chegamos a 2018 e o que restou – por enquanto, pois o fundo do poço ainda não chegou – é a condição em que nos encontramos. Hoje, ela é a do desencontro. São dois Brasis que, embora tenham um mesmo objetivo – o fim da corrupção e a exigência de que a política represente as demandas da sociedade –, navegam para portos diferentes.

Saberemos um dia criar consenso em torno de um projeto único?

No início dos anos 1920, a Alemanha que emergiu da Primeira Guerra Mundial era um país empobrecido. Esse período ficou conhecido como República de Weimar. É nesse contexto de pobreza – agravado pela crise de 1929 – que o nazismo aparece e chega ao poder. Em épocas de pobreza como a que estamos vivendo no Brasil – sobretudo depois que as pessoas experimentaram um período de ascensão social e perderam seu status –, na ânsia de encontrar os culpados e extravasar o ódio, é natural que o conservadorismo, o autoritarismo, o irracionalismo se fortaleçam. A ascensão do nazismo na Alemanha está diretamente ligada à crise econômica, assim como no Brasil a crise econômica está diretamente relacionada à divisão da sociedade, aos discursos de ódio, aos atos hostis, ao sentimento de vingança e ao aparecimento de extremismos.

Vimos que a vantagem do atraso é não repetir os erros das nações mais avançadas e seguir, assim, num caminho mais seguro, desviando das decisões incertas e tomando atalhos importantes em direção ao progresso. É preciso aprender com o passado. No caso do Brasil, não podemos tomar o atalho em direção ao fracasso, em direção ao ódio. Só com a convergência de interesses coletivos seremos capazes de identificar que nossos problemas – embora pareçam distintos – têm uma origem comum.

Numa época de miséria cultural, segundo nos alerta Thomas Mann no seu livro *Mário e o mágico*, se multiplicam as práticas transcendentais, as religiões, as seitas, os adivinhos, os ilusionistas, os políticos salvadores e tudo aquilo que obscurece a razão, e, quando isso ocorre, "as massas começam a pensar que as principais calamidades que as atingiam não encontravam remédios em raciocínios lógicos sobre a realidade, mas em meios que viessem a afastá-los".[161]

Vivemos hoje em um ambiente que se nutre de violência, de truculência e de intolerância contra o outro, aquele que pensa diferente de nós. O problema é que, quando as pessoas sentem ódio por alguém, procuram se aproximar de líderes que compactuam do mesmo discurso de ódio. Na Alemanha dos anos 1930 a pobreza, os extremismos e as antinomias elegeram um elemento para ser a causa de tudo – os judeus, que, com a ascensão de Hitler, foram dizimados, numa espécie de catarse, como se esse ato fosse redimir a Alemanha de suas mazelas e das dificuldades em que havia se metido.

E no Brasil, a quem interessam dualidades tão rigidamente antepostas? A quem interessa esse maniqueísmo ideológico? A quem interessa essa polaridade entre apenas duas opiniões ou alternativas, em detrimento de infinitas possibilidades? O país é muito mais complexo do que o debate direita-esquerda pode abarcar, e o mundo moderno também. Não cabem em antigas caixas pré-fabricadas.

O conceito de ideologia de esquerda e de direita deve ser superado no Brasil em nome de uma unidade de projeto de nação. Só a fluidez e a liquidez dos conceitos são capazes de criar uma prática que esteja mais próxima da realidade, que faça as conexões e as convergências necessárias para o projeto de nação acontecer.

A solução dos problemas do Brasil está na fluidez das ideias, na quebra do concreto armado em que estão contidas e na liquidez dos projetos. O melhor projeto é aquele que é o melhor para o povo, ou corremos o risco de nos tornarmos uma República de Weimar tropical.

XI

A OPERAÇÃO LAVA JATO: ENTRE A NAÇÃO E A BARBÁRIE

A Operação Lava Jato é um marco civilizatório no Brasil. Bastou que um dos poderes da República, o Judiciário, usasse sua prerrogativa de se opor aos outros, de fiscalizar os outros poderes – Executivo e Legislativo –, e não compor com eles, para trazer de volta à sociedade o equilíbrio perdido e para que o país experimentasse pela primeira vez a sensação de representatividade. Não por acaso, a operação da Polícia Federal se tornou um patrimônio do país e sobrevive mesmo em meio às tentativas recorrentes de boicotá-la. O que deveria ser uma prática cotidiana dos três poderes da República – o zelo pelas demandas do povo – era no Brasil um grande acordo do qual o povo estava completamente alijado.

Desse modo, "a nação e o Estado, nessa dissonância de ecos profundos, cindem-se em realidades diversas, estranhas, opostas, que mutuamente se desconhecem".[162] Uma dessas realidades é a de um país rico, pródigo e que faz a fortuna de poucos, sobretudo daqueles – os amigos do rei – que participam de um estamento, composto por empresários e políticos. A outra é a realidade de um povo pobre cujos direitos são vilipendiados e que soçobra em meio ao trabalho escravo, à miséria dos salários, à desigualdade fiscal e vive escravo da voragem de um Estado arrecadador, de via única, que tudo toma e que nada provê. Como são atuais os discursos do padre Antônio Vieira do século XVI, quando reclamava que o povo, em um país que vive num eterno ontem, "sangra por toda parte os tributos" e expira todos os dias nas filas dos hospitais ou vítima de toda espécie de abandono.

No final do governo Dilma-Temer, ou seja, no aterrissar desastroso do curto voo da galinha e desfeitos todos os castelos de areia, o Brasil mostrou sua cara novamente. Os dados estatísticos do IBGE referentes ao ano de 2016, na frieza de seus números, desmentiram um a um todos os discursos, todas as promessas e ladainhas populistas/eleitoreiras. Foi assim, como vimos, com os dados de 1872, com os dos anos 1940-1950 e os dos anos 1970-1980, e é assim agora. Ou seja, o Brasil não muda nunca, é a peculiaridade do país, sua natureza, como a curvatura da banana.

Paralelamente a todo dinheiro público que se esvai cotidianamente na corrupção, a realidade é que uma em cada três casas no Brasil não tem esgoto. Paralelamente a todo dinheiro público que se esvai em empréstimos a empresários, restam os males que vêm atravessando o país há séculos, doenças como febre amarela e dengue, oriundas do precário sistema de saneamento básico do país, que assolam pobres, miseráveis e inocentes – quantas crianças foram atingidas e tiveram suas vidas comprometidas pelo vírus zika? Paralelamente a todo dinheiro público que se esvai em pagamento de juros a bancos, existe a cruel realidade do trabalho escravo, que persiste no país. Nos últimos vinte anos, segundo dados do Ministério do Trabalho, estima-se que quase 50 mil trabalhadores foram resgatados de condições de trabalho análogas à escravidão, ou seja, o mesmo número de escravos que entrou no Brasil nos anos finais do tráfico antes de 1850. Paralelamente a todas as malas de dinheiro, 58 mil pessoas são assassinadas por ano no Brasil, na maioria jovens – números de guerra.

Segundo dados do PNAD-IBGE, são 13 milhões de analfabetos no Brasil. Entre crianças de 5 a 17 anos, são 2,5 milhões em situação de trabalho infantil. Quarenta por cento das crianças de 0 a 14 anos vivem em famílias de baixa renda e estão sujeitas a todo tipo de exploração. Metade dos trabalhadores no Brasil ganha até dois salários mínimos (R$ 1.960,00), enquanto apenas 5% ganham até cinco salários mínimos (R$ 4.900,00), que equivalem a um salário mínimo dos países do capitalismo central. A realidade se reverte completamente nesses países, onde entre 5% e 15% da população recebe até dois salários mínimos (dos deles).

Os dados do IBGE de 2016 reunidos na Síntese de Indicadores Sociais escancaram ainda mais a realidade: quase 53 milhões de brasileiros, ¼ da população, vivem com rendimento de até R$ 387,00 e estão, portanto, abaixo da linha de pobreza; outros 13 milhões vivem com menos de R$ 133,00 e estão enquadrados abaixo da linha de pobreza extrema. O mapa da violência revela um recorde de homicídios – quase 60 mil mortos ao ano, números da atual guerra na Síria e no Iraque. Já 32 milhões de trabalhadores estão no mercado informal de trabalho, nada mais nada menos que 36% de toda a força de trabalho no país, que é de quase 90 milhões de pessoas. Esse é o legado da irresponsabilidade dos governos que, na ânsia de se perpetuarem no poder, viram as costas ao povo e fecham questão em torno das demandas patrimonialistas do estamento que toma conta do poder. O caminho para a modernização, no entanto, não tem atalhos.

A Operação Lava Jato significou e significa o primeiro passo para um novo país. Ela está para o Brasil nos dias de hoje, em termos de perspectiva, como a libertação dos escravos estava em 1888, como vimos. Se naquela ocasião a condição para um mundo novo era enfrentar um problema histórico – a escravidão –, hoje se trata de enfrentar outros problemas históricos: a corrupção e o aparelhamento do Estado. Eliminar a corrupção é a primeira condição para que o Estado passe a funcionar de acordo com seu princípio original, que é atender as demandas do povo, princípio este sistematicamente negligenciado no país. Outra mudança trazida pela Lava Jato foi o resgate dos princípios da honestidade e da ética, valores completamente esquecidos e que são fundamentais para uma nação. Não é possível constituir uma civilização onde todos estão contra todos, todos enganam a todos, todos levam vantagem sobre todos. Na luta de todos contra todos, nenhum pacto social é possível – e, onde ele não existe, não existe isonomia, que se assenta na proposição de Rousseau segundo a qual "sendo a condição igual para todos, a ninguém interessa torná-la onerosa para os outros".

Acabar com a corrupção não é suficiente: precisamos de um projeto de nação que passe pelo enfrentamento de questões duríssimas que envolvem interesses poderosos como aqueles enfrentados pela princesa Isabel quando, com uma canetada, acabou com a escravidão e perdeu o poder. O estamento político e econômico no Brasil, como se pôde e pode ver, é um osso duro de roer e vai resistir a qualquer mudança, sendo certo "que se erga, e cada vez mais obstinada, a resistência dos adeptos do passado".[163] A Proposta de Emenda Constitucional (PEC) 241/2016, aprovada pelo Congresso e que congela os gastos do governo por vinte anos, é a mais nefasta dessas resistências.

Um segundo passo, que extrapola os limites da Lava Jato e que ela, portanto, não poderá resolver, porque é uma questão política, atribuição do Executivo e do Legislativo, é uma reforma tributária. Seus principais objetivos deverão ser (1) a diferenciação da cobrança de imposto de acordo com a renda; (2) estabelecer uma alíquota adequada sobre lucros e dividendos, inclusive para remessas para o exterior; e (3) desonerar o consumo. Essas três medidas vão trazer justiça fiscal ao Brasil. A desoneração do consumo dinamiza um aspecto fundamental da economia de todos os maiores países do mundo, que é o mercado interno. A explosão do consumo em decorrência dos preços mais baixos – desonerados de impostos – compensa o governo pelo aumento do montante de impostos arrecadados, além de outros tantos benefícios diretamente ligados ao aquecimento da economia: pleno emprego, produção etc.

Um terceiro passo a ser dado refere-se ao orçamento da União. É preciso rever a taxa de juros e o percentual do orçamento público comprometido com o pagamento da dívida pública, que no Brasil corresponde a quase metade do orçamento. Enquanto o Brasil despende 14% do PIB no pagamento dos encargos dessa dívida, em outros países, como vimos, os números são bem mais racionais – 1,3% no Japão; 0,2% no Chile; 0,4% na Rússia, por exemplo. Diminuir a despesa com o pagamento da dívida e aumentar o investimento nas demandas do povo – saúde, saneamento, segurança, educação, entre outras – é fundamental para transformar o país e deve ser prioritário em um projeto de nação.

Esses três passos – o primeiro já está sendo dado pela Operação Lava Jato – terão efeito imediato, de curto prazo, sobre a economia e sobre a sociedade brasileira. É bom que se diga – antes que sejam rotulados de bolivarianos – que todos esses passos somados nos aproximarão das práticas de desconcentração de renda dos países mais importantes do capitalismo central – os mais liberais –, onde toda a riqueza produzida no país pelo trabalho do povo é efetivamente dividida com o povo.

Esse caminho é o único possível em direção a um processo civilizatório cuja exigência nasceu na revolução de 2013 e na de 2015 e passa necessariamente pelo enfrentamento da corrupção e da péssima divisão da riqueza nacional. Somos um dos maiores mercados consumidores do mundo, com um território riquíssimo e mais de 200 milhões de habitantes – enquanto o Uruguai tem 4 milhões; a Argentina, 40 milhões; o Paraguai, 7 milhões; e o Chile, 18 milhões. Uma melhor distribuição de renda por meio de justiça fiscal nos levaria a padrões de desenvolvimento econômico de Primeiro Mundo.

Dobrando durante menos de uma década o nosso orçamento em educação e em ciência e tecnologia, nos tornaríamos verdadeiros *players* no mercado mundial. Investimentos e incentivos para a indústria de aço nacional diminuiriam a venda de minério de ferro e nos permitiriam produzir e vender aço. Abriríamos concorrência com a China no mercado internacional, em vez de alimentá-la com nossa matéria-prima para que ela se torne a maior economia do mundo. A China e a Rússia – que, diga-se de passagem, formam os Brics com o Brasil – se tornaram *players* internacionais. Recentemente anunciaram a criação de seus aviões comerciais para concorrer com as gigantes mundiais Boeing e Airbus. Rússia e China fabricam os próprios carros e os exportam para o mundo. A China está retomando um projeto milenar de comércio entre o Oriente e o Ocidente: a Rota da Seda. Para conexão dessa importante rota comercial na América do Sul, foi escolhido o Chile. Nós estamos vendo o bonde passar, como sempre.

Por que não investimos no desenvolvimento de nossos carros, nossos computadores, nossos celulares, nossa tecnologia? Por que não implantar um projeto de aproveitamento das energias eólica e solar – em que o país é pródigo – para impulsionar um grande parque industrial? Tudo isso é uma questão de investimento em educação, ciência e tecnologia. Com pequenos ajustes, em dez anos o Brasil se tornaria uma potência mundial.

Porém, analisando o orçamento geral da União dos anos de 2017 e 2018, notamos que as demandas do povo foram esquecidas e adiadas mais uma vez. No país que tem a quinta maior taxa de feminicídios do mundo, o orçamento de 2017 destinado a políticas para mulheres, que era de R$ 81 milhões, em 2018 foi reduzido em 52%, para R$ 38 milhões; o orçamento de ciência, tecnologia e inovação, único caminho sólido para um futuro promissor, que era de R$ 3,5 bilhões em 2017, em 2018 foi reduzido em 19% e passou para R$ 2,8 bilhões; a verba destinada à cultura, fundamental no desenvolvimento intelectual de um povo, sofreu um corte de 16%, passando de R$ 1,3 bilhão em 2017 para R$ 1,1 bilhão em 2018; o orçamento de esporte, cidadania e desenvolvimento, importante instrumento para o desenvolvimento social, sofreu um corte de 32% e passou de R$ 722 milhões em 2017 para R$ 485 milhões em 2018; mobilidade urbana, que é um problema crônico no país e que foi o estopim da revolução de 2013, sofreu um corte de 48% e passou de R$ 1,4 bilhão em 2017 para R$ 767 milhões em 2018; o orçamento para proteção de crianças e adolescentes – 40% deles vivem em situação de miséria – sofreu um corte de 22% e passou de R$ 41 milhões em 2017 para R$ 32 milhões em 2018. O dinheiro destinado a saneamento básico – em um país onde 100 milhões de pessoas não têm acesso a esse serviço –, que era de R$ 1,7 bilhão em 2017, sofreu um corte de 15% e passou a R$ 1,3 bilhão em 2018. O salário mínimo, que havia sido projetado pelo Ministério do Planejamento para ser de R$ 969,00 em 2018 e cujo aumento expressivo seria decisivo na retomada do crescimento econômico, foi reduzido para R$ 965,00 – isso quando, segundo a projeção do Dieese, o valor do salário mínimo justo deveria ser de R$ 3.731,00. Como é possível sustentar uma economia onde é preciso 49% do salário mínimo para comprar uma mera cesta básica, que em dezembro de 2017 custou, na cidade de São Paulo, R$ 423,00? É um cenário de estagnação total da economia. Não existe capitalismo possível se o povo não tem poder aquisitivo. Estamos, mais uma vez, ignorando os princípios elementares da economia.

Enquanto isso, o pagamento de juros da dívida pública foi de R$ 329 bilhões em 2017 e de R$ 316 bilhões em 2018. Esses números revelam que o Brasil desperdiça grandes oportunidades, deixando de investir em setores-chave do desenvolvimento social e econômico. Enquanto o fim natural das demandas do povo é sofrer cortes, adiamentos, contingenciamentos, a demanda do mercado – que é a manutenção do nível de pagamento da dívida pública – parece viver numa bolha de progresso contínuo e permanente, protegida e imune a tudo. Isso acontece porque, na verdade, temos tudo, menos um projeto de nação.

A pergunta que devemos fazer, diante de todas as nossas possibilidades de termos um projeto que nos levaria a ser uma grande nação – porque no Brasil é apenas uma questão de vontade política, não uma questão de não poder – é: por que então consentimos em permanecer subjugados por uma classe de políticos que não nos representa?

Contra o poderoso argumento em favor do poder divino dos reis que justificava o absolutismo, advindo tanto da obra de Maquiavel, sobretudo de *O príncipe* de 1513, como da Reforma Protestante de 1517 – que seriam complementadas posteriormente pelas obras de Bossuet e Hobbes; em 1549 Étienne de La Boétie escreveu um livro fundamental, o *Discurso da servidão voluntária*, que seria retomado ao longo de toda a modernidade e durante o totalitarismo, o nazismo e o fascismo, no século XX e que serve muito bem para analisar a situação do Brasil de hoje. Diz o autor:

"Como é possível que tantos homens, tantas cidades, tantas nações suportem algumas vezes um único tirano, que apenas tem o poder que eles lhe atribuem, que não tem possibilidade de causar-lhes dano, ao qual (se quisessem) poderiam resistir, do qual não poderiam sofrer nenhum mal, se não preferissem tudo sofrer dele em vez de contradizê-lo? Coisa verdadeiramente surpreendente (e, contudo, tão comum que antes temos de lamentá-la do que nos espantar com ela) ver milhões e milhões de homens miseravelmente subjugados e submetidos, de cabeça baixa a um jugo deplorável, e não porque sejam obrigados a isso graças a uma força irresistível, mas porque são fascinados e, por assim dizer, enfeitiçados pelo único nome de um, que não deveriam temer, já que é único, nem adorar, já que é – diante deles todos – desumano e cruel."[164]

Como diria William Reich, "o que é surpreendente não é que os povos se revoltem, mas sim que não se revoltem".[165]

Esta é a pergunta que não quer calar:

Por quê, Brasil?

NOTAS

1. Faoro, R. *Os donos do poder*. São Paulo: Globo, 2000, p. 366.
2. Holanda S. B. *Raízes do Brasil*. São Paulo: Cia das Letras, 1995, p. 180.
3. Faoro, R. *Os donos do poder. Op. cit.*, p. 369.
4. Ribeiro, D. *O povo brasileiro*. São Paulo: Companhia das Letras, 1995, p. 246.
5. Faoro, R. *Os donos do poder. Op. cit.*, 2000.
6. Holanda, S. B. *Raízes do Brasil. Op. cit.*, 1995.
7. Prado Jr., C. *Formação do Brasil contemporâneo*. Col. Grandes estudos Brasiliense, vol. I. São Paulo: Brasiliense, 1945.
8. Id., ibid.
9. Furtado, C. *Formação econômica do Brasil*. Brasília: Editora da UnB, 1963.
10. Id., ibid.
11. Vespúcio, A. *As cartas que batizaram a América*. São Paulo: Planeta, 2003.
12. Freyre, G. *Casa-grande & senzala*. Rio de Janeiro: José Olympio, 1958, p. 24.
13. Holanda, S. B. *Op. cit.*, p. 95.
14. Ibid.
15. Ibid., p. 96.
16. No Brasil, um empreendimento desse gênero só ocorrerá por ocasião da construção de Brasília, nos anos 1950, onde encontramos nos projetos de Lúcio Costa e Oscar Niemeyer, além da crítica de Mário Pedrosa, "o ideólogo de Brasília", um projeto arquitetônico que visava a modernização brasileira por meio da imposição de um planejamento racional de organização urbana. Sobre esse tema, conferir o livro de Otilia Beatriz Fiori Arantes *Mário Pedrosa, itinerário crítico* (São Paulo: Scritta, 1991) e o trabalho de J. H. Santos "Condenados ao moderno" (*Revista Memória e Vida Social*. Assis/ SP, 1999).
17. Holanda, S. B. *Op. cit.*, p. 98.
18. Ibid., p. 63.
19. Ibid., p. 73.

20. Dias, M. O. L. S. "A interiorização da metrópole (1808-1853)". In: Mota, C. G. (org.) *1822: Dimensões*. São Paulo: Perspectiva, 1972, p. 161.

21. Ibid., p. 46.

22. Candido, A. "O significado de *Raízes do Brasil*". In: Holanda, S. B. *Raízes do Brasil*. São Paulo: Companhia das Letras, 1995, p. 21.

23. Ibid.

24. Ibid., p. 44.

25. Ibid.

26. Ibid., p. 64.

27. Smith, A. *A riqueza das nações*. São Paulo: Nova Cultural, 1996.

28. Ibid.

29. Vieira, A. *Sermões pregados no Brasil*. Lisboa: Agência Geral das Colônias, 1940, p. 275, v. 2.

30. Faoro, R. *Op. cit.*, p. 139.

31. Ibid., p. 146.

32. Ibid., p. 235.

33. Ibid., p. 444.

34. Vieira, A. *Op. cit.*, p. 275, v. 2.

35. Say, Jean-Baptiste. *Tratado de economia política*. Ed. Abril Culturtal, 1983 *apud* Costa, E. "Introdução ao estudo da emancipação política do Brasil". In: Mota, C. G. *Brasil em perspectiva*. São Paulo: Difel, 1968, p. 69.

36. Faoro, R. *Op. cit.*

37. Vieira, A. *Sermão do bom ladrão*. 1655. Cf. <http://www.dominiopublico.gov.br/download/texto/fs000025pdf.pdf>.

38. Processo do padre Antônio Vieira. 1659-04-29/1668-06-30. Portugal, Torre do Tombo.

39. Hobsbawm, E. *Da Revolução Industrial inglesa ao imperialismo*. Rio de Janeiro: Forense Universitária, 2011, p. 36.

40. Holanda, S. B. "Redes e redeiras no Brasil". In: *Escritos coligidos*. São Paulo; Brasília: Unesp: Fundação Perseu Abramo, 2011.

41. Hobsbawm. *Op. cit.*, p. 36.

42. Prado Jr., C. *História econômica do Brasil*. São Paulo: Brasiliense, 1972.

43. *Revista do IHGB*. Rio de Janeiro, 1870, tomo X, p. 215.

44. Ibid., p. 220.

45. Ibid.

46. Prado Jr., C. *Op. cit.*, p. 52.
47. Ibid.
48. Costa, M. *História do Brasil para quem tem pressa*. Rio de Janeiro: Valentina, 2016, p. 61.
49. Representação à Assembleia Geral Constituinte e Legislativa do Império do Brasil Sobre a Escravatura. Paris: Typographia de Firmin Didot, 1825.
50. Prado Jr., C. *Op. cit.*, p. 53.
51. Ibid., p. 55.
52. Prado Jr., C. *Op. cit.*, p. 55.
53. Faoro, R. *Op. cit.*, p. 326.
54. Ibid., p. 377.
55. Melo Morais, A. J. *A Independência e o Império do Brasil*. Edições do Senado federal V. 18. Brasília – DF, 2004, p. 286.
56. Ibid., p. 256.
57. Costa, M. *O reino que não era deste mundo*. Rio de Janeiro: Valentina, 2015.
58. Faoro, R. *Op. cit.*
59. Faoro, R. *Op. cit.*, p. 32.
60. Ibid., p. 35.
61. Nabuco, J. *Um estadista no império*. Rio de Janeiro: Garnier, 1927.
62. Faoro, R. *Op. cit.*, p. 369.
63. Prado Jr., C. *Op. cit.*, p. 58.
64. Ibid.
65. Faoro, R. *Op. cit.*
66. Faoro, R. *Op. cit.*
67. Mauá, Irineu Evangelista de Sousa, Barão de. *Exposição do visconde de Mauá aos credores de Mauá & C. e ao público*. Rio de Janeiro: Typ. Imp. e Const. de J. Villeneuve & C., 1878, p. 8.
68. Ibid., p. 9.
69. Ibid., p. 14.
70. Ibid., p. 20.
71. Ibid., p. 51.
72. Mauá, Irineu Evangelista de Sousa, Barão de. p. 88.
73. Ibid., pp. 112-113.

74. Costa, M. *O reino que não era deste mundo*. Rio de Janeiro: Valentina, 2015.

75. Mauá, Irineu Evangelista de Sousa, Barão de. *Op. cit.*, p. 4.

76. Ibid.

77. Ibid., p. 5.

78. Faoro, R. *Op. cit.*, pp. 42-43.

79. Ribeiro, D. *Op. cit.*, pp. 448-449.

80. Costa, M. *O reino que não era deste mundo. Op. cit.*

81. Apud ibid., p. 214.

82. Sobre esse período final do Segundo Reinado no Brasil, confira o livro *O reino que não era deste mundo*, de M. Costa.

83. Ibid., p. 172.

84. Faoro, R. *Op. cit.*, p. 125.

85. Costa, M. *O reino que não era deste mundo. Op. cit.*

86. Prado Jr., C. *Op. cit.*, p. 157.

87. Furtado, C. *Op. cit.*, p. 194.

88. Puntoni, P. In: Faoro, R. *Op. cit.*, p. 388.

89. Barroso, G. *Brasil colônia de banqueiros*. Rio de Janeiro: Civilização Brasileira, 1936, pp. 160-162.

90. Furtado, C. *Op. cit.*, p. 195.

91. Ibid., p. 200.

92. Prado Jr., C. *Op. cit.*, p. 78.

93. Ibid., p. 79.

94. Ibid., p. 80.

95. Ibid., p. 77.

96. Ibid., p. 83.

97. Ibid., p. 83.

98. Costa, M. *História do Brasil para quem tem pressa*. Rio de Janeiro: Valentina, 2016, pp. 133-134.

99. Carta-testamento de Getúlio Vargas.

100. Hobsbawm, E. *Op. cit.*, p. 74.

101. Ibid.

102. Ibid.

103. Holanda, S. B. *Op. cit.*, pp. 187-188.

104. Say, J. B. *Tratado de economia política*. São Paulo: Abril, 1983.

105. Gautié, J. "Da invenção do emprego à sua desconstrução". *Revista Mana*, Rio de Janeiro, vol. 4, nº 2, 1998.

106. Faoro, R. *Op. cit.*

107. Constituição de 1988.

108. *Revista de economia e política*. Vol 10, nº 3. Julho/setembro de 1990.

109. Ibid.

110. Villa, M. A. *Collor presidente: Trinta meses de turbulências, reformas, intrigas e corrupção*. Rio de Janeiro: Record, 2016.

111. Ibid.

112. Delação premiada de Marcelo Odebrecht à Operação Lava Jato.

113. Id.

114. Faoro, R. *Op. cit.*, p. 368.

115. Cf. <http://congressoemfoco.uol.com.br/noticias/tcu-gasto-com-cargos-de-confianca-supera-r-34-bi-por-mes/> e <https://oglobo.globo.com/brasil/cargos-de-confianca-custam-35-bi-por-mes-aponta-tcu-19383152>.

116. Faoro, R. *Op. cit.*, p. 363.

117. Cf. <www.planalto.gov.br/ccivil_03/Leis/L9249.htm>.

118. Piketty, T. *O capital no século XXI*. Rio de Janeiro: Intrínseca, 2013, p. 617.

119. Ibid., p. 621.

120. *Carta aos brasileiros, Lula 2002*. Acervo da Fundação Perseu Abramo. São Paulo – SP.

121. Entre tantos artigos que analisam a chamada "nova matriz econômica", alguns trazem um excelente resumo, como "O trágico legado da 'nova matriz econômica' – Um resumo cronológico", de Leandro Roque, disponível em <https://www.mises.org.br/Article.aspx?id=2120>.

122. Outro excelente resumo sobre a nova matriz econômica é o artigo do ex-ministro Guido Mantega "O primeiro ano da nova matriz econômica", disponível em <https://jornalggn.com.br/blog/luisnassif/o-primeiro-ano-da-nova-matriz-economica-por-mantega>.

123. Cf. Frei Caneca, J. A. D. *Obras políticas e literárias*. Tipografia mercantil. Recife: 1875.

124. Piketty, T. *Op. cit.*

125. Ibid., p. 612.

126. Schwarcz, R. *Ao vencedor as batatas*. São Paulo: 34, 2000.

127. Cf. <https://nacoesunidas.org/brasil-e-paraiso-tributario-para-super-ricos-diz-estudo-de-centro-da-onu/>.

128. Cf. a tabela 20 da página 49 em <http://idg.receita.fazenda.gov.br/dados/receitadata/estudos-e-tributarios-e-aduaneiros/estudos-e-estatisticas/11-08-2014-grandes-numeros-dirpf/gn-irpf-ac-2012.pdf>.

129. Cf. a tabela 20 da página 49 em <http://idg.receita.fazenda.gov.br/dados/receitadata/estudos-e-tributarios-e-aduaneiros/estudos-e-estatisticas/11-08-2014-grandes-numeros-dirpf/gn-irpf-ac-2013.pdf>.

130. Cf. a tabela 20 da página 72 em <http://idg.receita.fazenda.gov.br/dados/receitadata/estudos-e-tributarios-e-aduaneiros/estudos-e-estatisticas/11-08-2014-grandes-numeros-dirpf/gn_irpf_ac2014.pdf>.

131. Cf. a tabela 20 da página 26 em <http://idg.receita.fazenda.gov.br/dados/receitadata/estudos-e-tributarios-e-aduaneiros/estudos-e-estatisticas/11-08-2014-grandes-numeros-dirpf/relatorio-gn-irpf-2015.pdf>.

132. Salvador, E. *Perfil da desigualdade e da injustiça tributária no Brasil*. Brasília: Inesc (Instituto de Estudos Socioeconômicos), 2016. A obra pode ser acessada no endereço <www.inesc.org.br/biblioteca/publicacoes/livros/2016/perfil-da-desigualdade-e-da-injustica-tributaria>.

133. Piketty, T. *Op. cit.*, p. 21.

134. Esses números são evidentemente estimativas levantadas por alguns estudos, entre eles: <www.taxjustice.net/wp-content/uploads/2014/04/Cost-of-Tax-Abuse-TJN-2011.pdf>; <http://sindireceita.org.br/wp-content/uploads/2015/10/Alternativas-para-enfrentar-a-crise-fiscal-revisada-final.pdf>; e <www.quantocustaobrasil.com.br/artigos/sonegacao-no-brasil%E2%80%93uma-estimativa-do-desvio-da-arrecadacao-do-exercicio-de-2016>.

135. Cf. <https://www.legisweb.com.br/legislacao/?id=319052>.

136. Cf. <www.bigwine.com.br/norma/decreto-41596-2008-rj_157606.html>.

137. Cf. <http://blogs.oglobo.globo.com/na-base-dos-dados/post/isencoes-fiscais-do-governo-do-rio-para-empresas-somam-r-138-bi-diz-relatorio-do-tce.html; https://noticias.uol.com.br/cotidiano/ultimas-noticias/2016/11/24/cinquenta-empresas-concentram-r-25-bilhoes-de-isencoes-fiscais-no-rj.htm>. O relatório da auditoria do TCE-RJ pode ser consultado em <www.tce.rj.gov.br/documents/38056926/0/Incentivos%20Fiscais%20-%20Relat%C3%B3rio%20de%20Auditoria%20Governamental%20na%20Secretaria%20de%20Estado%20de%20Fazenda.doc; https://s3-sa-east-1.amazonaws.com/apublica-files-main/wp-content/uploads/2016/11/24072327/Relato%CC%81rio-Tribunal-de-Contas-do-RJ.pdf>.

138. Cf. <http://alerjln1.alerj.rj.gov.br/CONTLEI.NSF/e9589b9aabd9cac8032564fe0065abb4/c62a65c4b010650d8325794f005b5ac9?OpenDocument>.

139. Cf. <http://alerjln1.alerj.rj.gov.br/contlei.nsf/f25edae7e64db53b032564fe005262ef/699d474955c8b13d8325794f005bd210?OpenDocument>.

140. Para saber mais sobre o trabalho desenvolvido por Maria Lúcia Fattorelli em torno da escandalosa situação da dívida pública no Brasil, basta acessar o site www.auditoriacidada.org.br.

141. Piketty, T. *Op. cit.*, p. 662.

142. Todas as informações sobre os *dealers* estão disponíveis no site do Banco Central do Brasil.

143. Cf. www.auditoriacidada.org.br

144. Cf. <www.tesouro.fazenda.gov.br/dealers>.

145. Rousseau, J. J. *O contrato social.* São Paulo: Cultrix, 1979.

146. Maquiavel, N. *O príncipe.* São Paulo: Martins Fontes, 1999, capítulo XVII.

147. Cf. <www.asclaras.org.br/@doador.php?doador=3304817&ano=2010>.

148. Cf. <www.asclaras.org.br/@doador.php?doador=3066174&ano=2010>.

149. Cf. <www.asclaras.org.br/@doador.php?doador=3083402&ano=2010>.

150. Cf. <www.asclaras.org.br/@doador.php?doador=3063495&ano=2010>.

151. Cf. <www.asclaras.org.br/@doador.php?doador=3063497&ano=2010>.

152. Cf. <www.asclaras.org.br/@doador.php?doador=3065968&ano=2010>.

153. Cf. <www.asclaras.org.br/@doador.php?doador=3309514&ano=2010>.

154. Cf. <www.asclaras.org.br/@doador.php?doador=3102858&ano=2010>.

155. Cf. <www.asclaras.org.br/@doador.php?doador=3066656&ano=2010>.

156. Cf. <www.asclaras.org.br/@doador.php?doador=3304808&ano=2010>.

157. Cf. <www.asclaras.org.br/@doador.php?doador=3304861&ano=2010>.

158. Cf. Faoro, R. *Op. cit.*

159. Ibid.

160. Ibid.

161. Ramonet, I. *Geopolítica do caos.* Petrópolis: Vozes, 1999, p. 83.

162. Faoro, R. *Op. cit.*, p. 375.

163. Holanda S. B. *Op. cit.*, p. 181.

164. La Boétie, E. *Discurso da servidão voluntária.* São Paulo: Edipro, 2017.

165. Reich, W. *Psicologia de massa do fascismo.* Porto: 1974.

BIBLIOGRAFIA

ADORNO, T. W. *Notas de literatura.* Barcelona: Ediciones Ariel, 1962, pp. 11-37.

ALENCASTRO, C. F. "A pré-revolução de 30". *Novos Estudos Cebrap,* nº 18, setembro de 1987, pp. 17-21.

_____ . *O trato dos viventes: Formação do Brasil no Atlântico Sul.* São Paulo: Companhia das Letras, 2000.

ANDRADE, O. *Um aspecto antropofágico da cultura brasileira: O homem cordial. Obras completas nº 6.* Rio de Janeiro: Civilização Brasileira, 1970.

ARANTES, P. E. *Sentimento da dialética na experiência intelectual brasileira: Dialética e dualidade em Antônio Candido e Roberto Schwarz.* São Paulo: Paz e Terra, 1992.

ARANTES, O. B. F. *Temas básicos da sociologia.* São Paulo: Cultrix/ USP, 1956.

_____ . *Mário Pedrosa: Itinerário crítico.* São Paulo: Scritta. 1991.

AVELINO FILHO, G. "As raízes de *Raízes do Brasil*". *Revista Brasileira de Ciências Sociais,* nº 12, vol. 5, fevereiro de 1990.

BARBOZA, F. A. *Raízes de Sérgio Buarque de Holanda.* Rio de Janeiro: Rocco, 1988.

_____ . "Verdes anos de SBH: Ensaio sobre a formação intelectual até *Raízes do Brasil*". In: Nogueira, A. R.; Pacheco, F. de M.; Pilnik, M. e Horch, R. E. (orgs.) *SBH: Vida e obra.* São Paulo: Secretaria do Estado da Cultura/ Arquivo do Estado/ USP/ Instituto de Estudos Brasileiros, 1988.

BARROSO, G. *Brasil colônia de banqueiros.* Rio de Janeiro: Civilização Brasileira, 1936.

BIASOLI, V. "Prefácio". In: Fontana, J. *História: Análise do passado e projeto social.* Bauru: Edusc, 1998, p. 7.

BLAJ, I. "Pulsações, sangrias e sedimentação. Sérgio Buarque de Holanda e a análise da sociedade paulista no século XVII". In: Nogueira, A. R.; Pacheco, F. de M.; Pilnik, M. e Horch, R. E. (orgs.) *SBH: Vida e obra*. São Paulo: Secretaria do Estado da Cultura/ Arquivo do Estado/ USP/ Instituto de Estudos Brasileiros, 1988.

_____ . "Sérgio Buarque de Holanda: Historiador da cultura material". In: Candido, A. (org.) *Sérgio Buarque de Holanda e o Brasil*. São Paulo: Fundação Perseu Abramo, 1998.

BOSI, A. "Um testamento do presente". In: MOTA, C. G. (org.) *Ideologia da cultura brasileira (1933-1974)*. São Paulo: Ática, 1977.

BOURDIEU, P. *Economia das trocas linguísticas*. São Paulo: Edusp. 1996.

_____ . *As regras da arte*. São Paulo: Companhia das Letras, 2002.

_____ . *O ofício do sociólogo*. Petrópolis: Vozes, 2004.

BRASIL. Constituição (1988). Constituição da República Federativa do Brasil. Brasília: Senado Federal: Centro Gráfico, 1988.

BRAUDEL, F. *Civilização material e capitalismo nos séculos XV-XVIII*. Col. Rumos do Mundo, vol. 10. Lisboa: Cosmos, 1970.

CÂNDIDO, A. *Tese e antítese. (Ensaios)*. São Paulo: Cia. Editora Nacional, 1964.

_____ . *Formação da literatura brasileira: Momentos decisivos*. São Paulo: Martins Fontes, 1964.

_____ . *Os parceiros do Rio Bonito. Estudo sobre o caipira paulista e as transformações de seu meio de vida*. Rio de Janeiro: José Olympio, 1964.

_____ . *Literatura e sociedade*. São Paulo: Cia. Editora Nacional, 1965.

_____ . "Dialética da malandragem". *Revista do Instituto de Estudos brasileiros*. São Paulo: USP, nº 8, pp. 67-89, 1970.

_____ . *A cultura do contra*. Exposição no auditório da Faculdade de Geografia da USP, em mesa-redonda sobre o tema "Perspectivas do Brasil Contemporâneo", 1978.

_____ . "Sérgio em Berlim e depois". *Novos Estudos Cebrap*, São Paulo, nº 3, vol. 1, julho de 1982.

_____ . "A Revolução de 30 e a cultura". In: _____ . *A Educação pela noite e outros ensaios*. São Paulo: Ática, 1987, p. 190.

CANDIDO, A. Conferência ao Instituto de Estudos Avançados. São Paulo: USP, setembro de 1988, p. 18.

_____. "Sérgio, o radical". In: *SBH: Vida e obra*. São Paulo: Secretaria do Estado da Cultura/ Arquivo do Estado/ USP/ Instituto de Estudos Brasileiros, 1988.

_____. *A educação pela noite e outros ensaios*. São Paulo: Ática, 1987.

_____. "O significado de *Raízes do Brasil*". In: HOLANDA, S. B. *Raízes do Brasil*. Vol. 26. São Paulo: Companhia das Letras, 1995.

_____. "A visão política de Sérgio Buarque de Holanda". In: _____. (org.) *Sérgio Buarque de Holanda e o Brasil*. São Paulo: Fundação Perseu Abramo, 1998.

_____. *SBH e o Brasil*. São Paulo: Fundação Perseu Abramo, 1998.

CARDOSO, F. H. *As ideias e o seu lugar*. Série Cadernos Cebrap nº 33. Petrópolis: Vozes, 1980.

_____. "Livros que inventaram o Brasil". *Novos Estudos Cebrap*, nº 37, novembro de 1993, pp. 21-35.

CAPELATO, M. H. *Os arautos do liberalismo. Imprensa paulista (1920-1945)*. São Paulo: Brasiliense, 1988.

CARONE, E. *A Segunda República*. São Paulo: Difel, 1973.

CARPEAUX O. M. "Tradições americanas". In: _____. *Origens e fins*. Rio de Janeiro: Casa do Estudante, 1943.

CAVALHEIRO, E. *Testamento de uma geração*. Porto Alegre: Globo, 1944.

CHAUÍ, M. *Brasil: Mito fundador e sociedade autoritária*. São Paulo: Fundação Perseu Abramo, 2000, p. 89.

COELHO, J. M. "A democracia é difícil". Entrevista com Sérgio Buarque de Holanda. *Veja*, nº 386, 28 jan. 1976, pp. 3-6.

COSTA, M. *O reino que não era deste mundo*. Rio de Janeiro: Valentina, 2015.

_____. *História do Brasil para quem tem pressa*. Rio de Janeiro: Valentina, 2016.

COUTINHO, C. N. "Cultura brasileira: Um intimismo deslocado, à sombra do poder?". *Cadernos de Debate*, nº 1. História do Brasil, São Paulo: Brasiliense, 1976.

CRUZ, J. C. *Contribuição à história das ideias no Brasil*. Rio de Janeiro: Civilização Brasileira, 1956.

DARNTON, R. *O grande massacre de gatos*. São Paulo: Graal, 1988.

_____ . *Edição e sedição*. São Paulo: Companhia das Letras, 1992.

DAVATZ, T. *Memórias de um colono no Brasil*. São Paulo: Martins Fontes, 1941.

DEAN, W. "A industrialização durante a República Velha". In: *História geral da civilização brasileira*. Tomo III, vol. 4. São Paulo: Difel, 1977.

DECCA, E. S. de. *1930, o silêncio dos vencidos*. São Paulo: Brasiliense, 1981.

DIAS, M. O. L. S. "A interiorização da metrópole". In: MOTA, C. G. *Brasil em perspectiva*. São Paulo: Difel, 1968.

_____ (org.). *Sérgio Buarque de Holanda*. Col. Grandes cientistas sociais, vol. 51. São Paulo: Ática, 1985.

_____ . "Estilo e método na obra de SBH". In: Nogueira, A. R.; Pacheco, F. de M.; Pilnik, M. e Horch, R. E. (orgs.) *SBH: Vida e obra*. São Paulo: Secretaria de Estado da Cultura/ Arquivo do Estado/ USP/ Instituto de Estudos Brasileiros, 1988.

_____ . "Política e sociedade na obra de Sérgio Buarque de Holanda". In: Candido, A. (org.) *Sérgio Buarque de Holanda e o Brasil*. São Paulo: Fundação Perseu Abramo, 1998.

_____ . "Negação das negações". In: *Raízes do Brasil*. Col. Intérpretes do Brasil. Rio de Janeiro: Nova Aguilar, 2000, p. 906.

DIEHL, A. A. *Max Weber e a história*. Passo Fundo: Ediupf, 1996.

_____ . *A cultura historiográfica brasileira: Do IHGB aos anos 1930*. Passo Fundo: Ediupf, 1998.

DINIZ, E. "O Estado Novo: estrutura de poder e relações sociais". In: Fausto, B. (org.) *História geral da civilização brasileira*. Tomo III, vol. 3. São Paulo: Difel, 1983, p. 87.

DULCI, L. "Sérgio Buarque de Holanda, petista". In: Candido, A. (org.) *Sérgio Buarque de Holanda e o Brasil*. São Paulo: Fundação Perseu Abramo, 1998.

ELIAS, N. *Mozart: sociologia de um gênio*. Rio de Janeiro: Jorge Zahar, 1995.

―――― . *O processo civilizador*. Vol. 2. Rio de Janeiro: Jorge Zahar, 1998.

―――― . *A sociedade dos indivíduos*. Rio de Janeiro: Jorge Zahar, 2000.

FAORO, R. *Existe um pensamento político brasileiro?* São Paulo: Ática, 1994.

―――― . "Sérgio Buarque de Holanda: Analista das instituições brasileiras". In: Candido, A. (org.) *Sérgio Buarque de Holanda e o Brasil*. São Paulo: Fundação Perseu Abramo, 1998.

―――― . *Os donos do poder*. Porto Alegre: Globo, 2000.

FAUSTO, B. *A Revolução de 30*. São Paulo: Brasiliense, 1975.

―――― . "Do Império à República". In: Fausto, B. (org.) *História geral da civilização brasileira*. Tomo II, vol. 7. São Paulo: Difel, 1960.

―――― (org.). *História geral da civilização brasileira*. Tomo I, vol. 2: A época colonial. São Paulo: Difel, 1973.

―――― . "O Brasil Republicano". In: Fausto, B. (org.) *História geral da civilização brasileira*. Tomo III, vol. 4. São Paulo: Difel, 1977.

―――― . "Expansão do café e política cafeeira". In: *História geral da civilização brasileira*. Tomo III, vol. 1. São Paulo: Difel, 1989, p. 195.

FERNANDES, F. *O negro no mundo dos brancos*. São Paulo: Difel, 1972.

―――― . *A sociologia no Brasil*. Petrópolis: Vozes, 1977.

―――― . *A integração do negro na sociedade de classes*. Col. Ensaios, 34, vol. 2. São Paulo: Ática, 1978.

FIGUEIRA, P. A. *A historiografia brasileira 1900-1930. Análise crítica*. Tese de Doutorado. Faculdade de Filosofia, Ciências e Letras de Assis. São Paulo, 1973.

FILHO, G. A. "As raízes de *Raízes do Brasil*". *Novos Estudos Cebrap*, nº 18, vol. 2, setembro de 1987, pp. 33-41.

FONTANA, J. *História: Análise do passado e projeto social*. Bauru, SP/SC: Edusc, 1998.

FRANCO, M. S. C. *Homens livres na ordem escravocrata*. São Paulo: IEB/USP, 1969.

―――― . "As ideias estão no lugar". *Cadernos de Debate*, nº 1. História do Brasil, São Paulo: Brasiliense, 1976.

FREYRE, G. *Casa-grande & senzala*. Rio de Janeiro: José Olympio, 1958.

FURTADO, C. *Formação econômica do Brasil*. Brasília: UNB, 1963.

_____. "O Brasil e os entraves para o desenvolvimento". *Revista Paz e Terra*, Rio de Janeiro, ano I, nº 4, agosto de 1967.

_____. "Brésil: de la République olicharquie à l'etat militaire". *Les Temps Modernes*, nº 257, outubro de 1967, p. 580.

GALVÃO, W. N. "Candido e Sérgio, amigos contra a ditadura." *Jornal da Tarde*, 18/07/1998.

GAUTIÉ, J. "Da invenção do emprego à sua desconstrução". *Revista Mana*. Rio de Janeiro, vol. 4, nº 2, 1998.

GINSZBURG, C. *O queijo e os vermes*. São Paulo: Companhia das Letras, 1987.

_____. *Andarilhos do bem*. São Paulo: Companhia das Letras, 1988.

_____. *História noturna*. São Paulo: Companhia das Letras, 1991.

GOMES Jr., G. S. *Palavras peregrinas: Ideias barrocas e o pensamento sobre as artes e letras no Brasil*. Tese de Doutorado. São Paulo: USP, 1996.

GRAMSCI, A. *Concepção dialética da história*. Rio de Janeiro: Civilização Brasileira, 1966.

GUIMARÃES, M. L. S. "Nação e civilização nos trópicos". *Revista Estudos Históricos*, Rio de Janeiro, nº 1, 1988, pp. 5-27.

GURVITCH, G. *Sociologia del siglo XX*. Vol I. Barcelona: Ateneo, 1965.

HAUSER, A. *História social da arte e da literatura*. São Paulo: Martins Fontes, 2000.

HEGEL, G. W. F. *Lecciones sobre la historia de la filosofia*. México: Ed. Fondo de Cultura Economica, 1997, p. 204.

HOBSBAWM, E. *Da Revolução Industrial inglesa ao imperialismo*. Rio de Janeiro: Forense Universitária, 2011.

HOLANDA, S. B. "O lado oposto e os outros lados". *Revista do Brasil*, Rio de Janeiro, 15 de outubro de 1926.

_____. *Mentalidade capitalista e personalismo*. Digesto Econômico, São Paulo, nº 28, março de 1947, pp. 31-5.

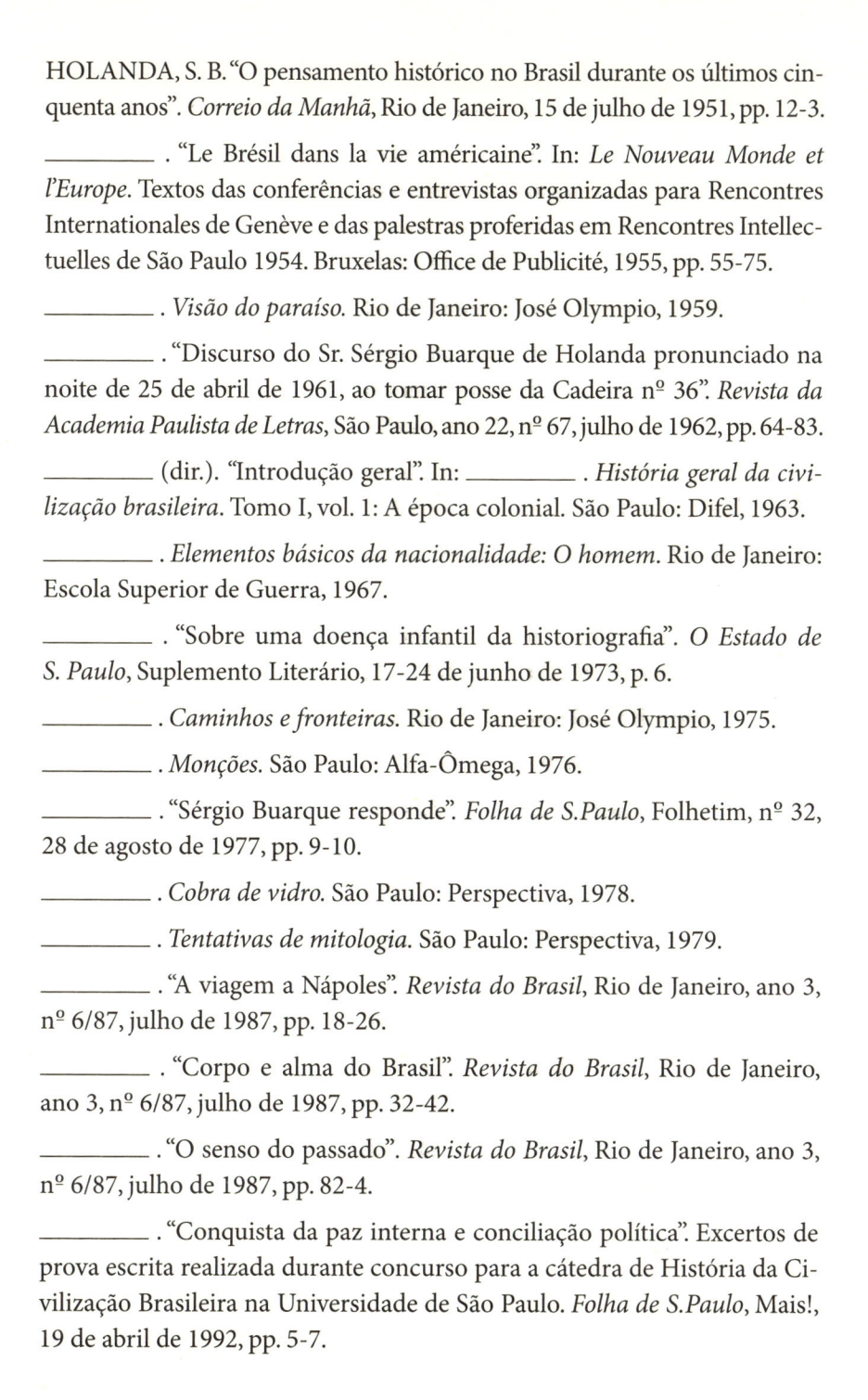

HOLANDA, S. B. "O pensamento histórico no Brasil durante os últimos cinquenta anos". *Correio da Manhã*, Rio de Janeiro, 15 de julho de 1951, pp. 12-3.

_____ . "Le Brésil dans la vie américaine". In: *Le Nouveau Monde et l'Europe*. Textos das conferências e entrevistas organizadas para Rencontres Internationales de Genève e das palestras proferidas em Rencontres Intellectuelles de São Paulo 1954. Bruxelas: Office de Publicité, 1955, pp. 55-75.

_____ . *Visão do paraíso*. Rio de Janeiro: José Olympio, 1959.

_____ . "Discurso do Sr. Sérgio Buarque de Holanda pronunciado na noite de 25 de abril de 1961, ao tomar posse da Cadeira nº 36". *Revista da Academia Paulista de Letras*, São Paulo, ano 22, nº 67, julho de 1962, pp. 64-83.

_____ (dir.). "Introdução geral". In: _____ . *História geral da civilização brasileira*. Tomo I, vol. 1: A época colonial. São Paulo: Difel, 1963.

_____ . *Elementos básicos da nacionalidade: O homem*. Rio de Janeiro: Escola Superior de Guerra, 1967.

_____ . "Sobre uma doença infantil da historiografia". *O Estado de S. Paulo*, Suplemento Literário, 17-24 de junho de 1973, p. 6.

_____ . *Caminhos e fronteiras*. Rio de Janeiro: José Olympio, 1975.

_____ . *Monções*. São Paulo: Alfa-Ômega, 1976.

_____ . "Sérgio Buarque responde". *Folha de S.Paulo*, Folhetim, nº 32, 28 de agosto de 1977, pp. 9-10.

_____ . *Cobra de vidro*. São Paulo: Perspectiva, 1978.

_____ . *Tentativas de mitologia*. São Paulo: Perspectiva, 1979.

_____ . "A viagem a Nápoles". *Revista do Brasil*, Rio de Janeiro, ano 3, nº 6/87, julho de 1987, pp. 18-26.

_____ . "Corpo e alma do Brasil". *Revista do Brasil*, Rio de Janeiro, ano 3, nº 6/87, julho de 1987, pp. 32-42.

_____ . "O senso do passado". *Revista do Brasil*, Rio de Janeiro, ano 3, nº 6/87, julho de 1987, pp. 82-4.

_____ . "Conquista da paz interna e conciliação política". Excertos de prova escrita realizada durante concurso para a cátedra de História da Civilização Brasileira na Universidade de São Paulo. *Folha de S.Paulo*, Mais!, 19 de abril de 1992, pp. 5-7.

HOLANDA, S. B. *Raízes do Brasil*. 26ª ed. São Paulo: Companhia das Letras, 1995.

_____. *Livro dos prefácios*. São Paulo: Companhia das Letras, 1996.

_____. *Escritos coligidos*. São Paulo; Brasília: Unesp: Fundação Perseu Abramo, 2011.

IANNI, O. *Raças e classes sociais no Brasil*. Rio de Janeiro: Civilização Brasileira, 1966.

_____. *A Ideia de Brasil moderno*. São Paulo: Brasiliense, 1994, p. 15.

KONDER, L. *A derrota da dialética: A recepção das ideias de Marx no Brasil até o início dos anos 30*. Rio de Janeiro: Campus, 1988.

LA BOÉTIE, E. *Discurso da servidão voluntária*. São Paulo: Edipro, 2017.

LAHUERTA, M. "Os intelectuais e os anos 20: Moderno, modernista, modernização". In: LORENZO, H. C. de; COSTA, W. P. (orgs.). *A década de 20 e as origens do Brasil moderno*. São Paulo: Unesp/Fapesp, 1997.

LEITE, D. M. *Caráter nacional brasileiro*. São Paulo: Pioneira, 1969.

LINS, I. "História do positivismo no Brasil". Col. Brasiliana, vol. 322. São Paulo: Cia Editora Nacional, 1967.

LORENZO, H. C. de e COSTA, W. P. (orgs.) *A década de 20 e as origens do Brasil moderno*. São Paulo: Unesp/Fapesp, 1997.

LUKÁCS, G. *História e consciência de classe*. Porto, Portugal: Publicações Escorpião, 1974.

MACHADO, B. P. "*Raízes do Brasil*: Uma releitura". *Estudos Brasileiros*. Curitiba, vol. 1, nº 2, 1976, pp. 169-193.

MAQUIAVEL, N. *O príncipe*. São Paulo: Martins Fontes, 1999.

MARSON, A. "Sobre a ideologia do caráter nacional: Uma revisão". *Revista de História*, São Paulo, nº 86, 1971.

MARTINEZ, P. H. *A dinâmica de um pensamento crítico: Caio Prado Júnior (1928-1935)*. Tese de Doutorado. FFLCH. São Paulo: USP, 1998.

MARTINS, W. *História da inteligência brasileira*. São Paulo: Cultrix/Edusp, 1977.

MARX, K.; ENGELS, F. *La ideologia alemana*. Montevidéu, Uruguai: Grijalbo, 1970.

MELLO, E. C. "Raízes do Brasil e depois". In: HOLANDA, S. B. *Raízes do Brasil*. São Paulo: Companhia das Letras, 1995.

MELLO, J. M. C. *O capitalismo tardio: Contribuição à revisão crítica da formação e desenvolvimento da economia brasileira*. Campinas: Unicamp, 1975.

MERCADANTE, P. *A consciência conservadora no Brasil*. Rio de Janeiro: Saga, 1965.

MICELI, S. *Intelectuais à brasileira*. São Paulo: Companhia das Letras, 2001.

_____ . "Intelectuais e classe dirigente no Brasil (1920-1945)". In: MICELI, S. *Intelectuais à brasileira*. São Paulo: Companhia das Letras, 2001.

MONTEIRO, P. M. *A queda do aventureiro: Aventura, cordialidade e os novos tempos em Raízes do Brasil*. Dissertação de Mestrado. IFCH. Campinas: Unicamp, 1996, p. 187.

MORAES, J. Q. (org.). *História do marxismo: Os influxos teóricos*. Vol I e II. Campinas: Unicamp, 1995.

MOTA, C. G. *Ideologia da cultura brasileira. (1933-1974)*. São Paulo: Ática, 1977.

_____ (org.). *1822: Dimensões*. São Paulo: Perspectiva, 1972.

_____ (org.). *Brasil em perspectiva*. São Paulo: Difel. 1968.

NABUCO, J. *Um estadista no império*. Rio de Janeiro: Garnier, 1927.

NEME, M. *Plataforma da nova geração*. Porto Alegre: Globo, 1945.

NOGUEIRA, A. R. "Sérgio Buarque de Holanda: O homem". In: Candido, A. (org.) *SBH: Vida e obra*. São Paulo: Secretaria de Estado da Cultura/ Arquivo do Estado/ USP/ Instituto de Estudos Brasileiros, 1988.

NOVAIS, F. *Portugal e o Brasil na crise do antigo sistema colonial, 1777-1808*. São Paulo: Hucitec, 1979.

_____ . "As dimensões da independência". In: MOTA, C. G. (org.). *Brasil em perspectiva*. São Paulo: Difel, 1973.

_____ . "O Brasil nos quadros do antigo sistema colonial". In: MOTA, C. G. (org.). *Brasil em perspectiva*. São Paulo: Difel, 1973.

_____ . "De volta ao homem cordial". *Folha de S.Paulo*, Jornal de resenhas, 1º de maio de 1995.

NOVAIS, F. (dir.). *História da vida privada no Brasil*. 3 vols. São Paulo: Companhia das Letras, 1998.

ODALIA, N. *As formas do mesmo*. São Paulo: Unesp, 1997.

OLIVEIRA, F. "A emergência do modo de produção de mercadorias: Uma interpretação teórica da economia da República Velha no Brasil". In: Fausto, B. (org.) *História geral da civilização brasileira*. Tomo III, vol. 1. Rio de Janeiro: Bertrand Brasil, 1989.

_____ . "Vanguarda do atraso e atraso da vanguarda: Globalização e neoliberalismo na América Latina". *Revista Praga*, nº 4. São Paulo: Hucitec. 1997, pp. 31-42.

OLIVEIRA, L. L. "As raízes da ordem, os intelectuais, a cultura e o Estado". In: *A revolução de 30*. Seminário realizado pelo CPDOC da Fundação Getúlio Vargas. Brasília: UNB, 1983.

_____ . "Questão nacional na primeira república". In: LORENZO, H. C. de; COSTA, W. P. (orgs.). *A década de 20 e as origens do Brasil moderno*. São Paulo: Unesp/Fapesp, 1997.

PATARRA, N. L. "Dinâmica populacional e urbanização no Brasil no período pós-30". In: *História geral da civilização brasileira*. Tomo III, vol. 4. São Paulo: Difel, 1977.

PÉCAULT, D. *Os intelectuais e a política no Brasil. Entre o povo e a nação.* São Paulo: Ática, 1990.

PIKETTY, T. *O capital no século XXI*. Rio de Janeiro: Intrínseca, 2013.

PIVA. L. G. *Ladrilhadores e semeadores*. São Paulo: 34, 2000, p. 31.

PRADO, A. A. *1922: Itinerário de uma falsa vanguarda: Os dissidentes, a Semana e o Integralismo*. Col. Primeiros Voos. São Paulo: Brasiliense, 1983.

_____ . "Raízes do Brasil e o modernismo". In: *Sérgio Buarque de Holanda e o Brasil*. São Paulo: Fundação Perseu Abramo, 1998.

PRADO, P. *Retrato do Brasil: Ensaio sobre a tristeza brasileira*. Rio de Janeiro: José Olympio, 1962.

PRADO JR., C. *Formação do Brasil contemporâneo*. Col. Grandes Estudos Brasiliense, vol. I. São Paulo: Brasiliense, 1945.

PRADO JR., C. *História econômica do Brasil.* São Paulo: Brasiliense, 1972.

RAMONET, I. *Geopolítica do caos.* Petrópolis: Vozes, 1999.

REICH, W. *Psicologia de massa do fascismo.* Porto: 1974.

REIS, J. C. "Sérgio Buarque de Holanda: A recusa das raízes ibéricas". *Revista Tempos Históricos,* nº 1, vol. 1, março de 1999, p. 217.

_____ . *As identidades do Brasil: De Varnhagen a FHC.* Rio de Janeiro: Fundação Getúlio Vargas, 2000.

Revista de economia e política. Vol. 10, nº 3, julho/setembro de 1990.

Revista do IHGB. Rio de Janeiro, 1870. Tomo X.

RIBEIRO, D. *O povo brasileiro.* São Paulo: Companhia das Letras, 1995.

RICUPERO, B. *Caio Prado Júnior e a nacionalização do marxismo no Brasil.* São Paulo: 34, 2000, p. 40.

RODRIGUES. L. M. "Prestes e a Aliança Nacional Libertadora". In: Fausto, B. (org.) *História geral da civilização brasileira.* Tomo III, vol. 3. São Paulo: Difel, 1983.

ROUSSEAU, J. J. *O contrato social.* São Paulo: Cultrix, 1979.

SAEZ, D. A. M. "As lutas políticas do período 1930 – 1964". In: Fausto, B. (org.) *História geral da civilização brasileira.* Tomo III, vol. 3. São Paulo: Difel, 1983.

SALVADOR, E. *Perfil da desigualdade e da injustiça tributária no Brasil.* Brasília: Inesc, 2016.

SANTOS, J. H. "Condenados ao moderno". *Revista Memória e Vida Social.* Assis/ SP, 1999.

SAY, J. B. *Tratado de economia política.* São Paulo: Abril, 1983.

SCHWARZ, R. "As ideias fora do lugar". *Novos Estudos Cebrap,* nº 3, janeiro de 1973.

_____ . *Ao vencedor as batatas.* São Paulo: Livraria Duas Cidades, 1977.

_____ . "Pressupostos, salvo engano, da dialética da malandragem". In: *Que horas são.* São Paulo: Companhia das Letras, 1987.

_____ . *Machado de Assis: Um mestre na periferia do capitalismo.* São Paulo: Livraria Duas Cidades, 1990.

SEVCENKO, N. *Literatura como missão*. São Paulo: Brasiliense, 1983.

SILVA, J. B. A. *Representação à Assembleia Geral Constituinte e Legislativa do Império do Brasil Sobre a Escravatura*. Paris: Typographia de Firmin Didot, 1825.

SIMMEL, G. *A metrópole e a vida mental*. Illinois, EUA: Chicago Press, 1950.

SIMONSEN, R. C. *Evolução industrial do Brasil*. São Paulo: Fiesp, 1939.

SINGER, P. "Interpretação do Brasil: uma experiência histórica de desenvolvimento". In: Fausto, B. (dir.) *História geral da civilização brasileira*. Tomo III, vol. 4. São Paulo: Difel, 1977.

SMITH, A. *A riqueza das nações*. São Paulo: Nova Cultural, 1996.

MAUÁ, Irineu Evangelista de Souza. Barão de. Exposição do visconde de Mauá aos credores de Mauá & C. e ao público. Rio de Janeiro: Typ. Imp. e Const. de J. Villeneuve & C., 1878.

SOUZA, L. M. "Aspectos da historiografia da cultura sobre o Brasil colonial". In: Freitas, M. C. (org.). *Historiografia brasileira em perspectiva*. São Paulo: Contexto, 2009.

TAVARES, M. C. *Acumulação de capital e industrialização no Brasil*. Campinas: Unicamp, 1998.

THOMPSON, E. P. *A miséria da teoria*. Rio de Janeiro: Jorge Zahar, 1981.

_____ . *Formação da classe operária inglesa*. Rio de Janeiro: Paz e Terra, 1997.

TRINDADE, H. *Integralismo (o fascismo brasileiro na década de 30)*. São Paulo: Difel, 1979.

VAINFAS, R. "História das mentalidades e história cultural". In: Flamarion Cardoso, Ciro Vainfas, Ronaldo. *Domínios da História*. Rio de Janeiro: Campus, 1997.

_____ . "Sérgio Buarque de Holanda: Historiador das representações mentais". In: *Sérgio Buarque de Holanda e o Brasil*. São Paulo: Fundação Perseu Abramo, 1998.

VESPÚCIO, A. *As cartas que batizaram a América*. São Paulo: Planeta, 2003.

VIANA, O. *Evolução do povo brasileiro*. Rio de Janeiro: José Olympio, 1956.

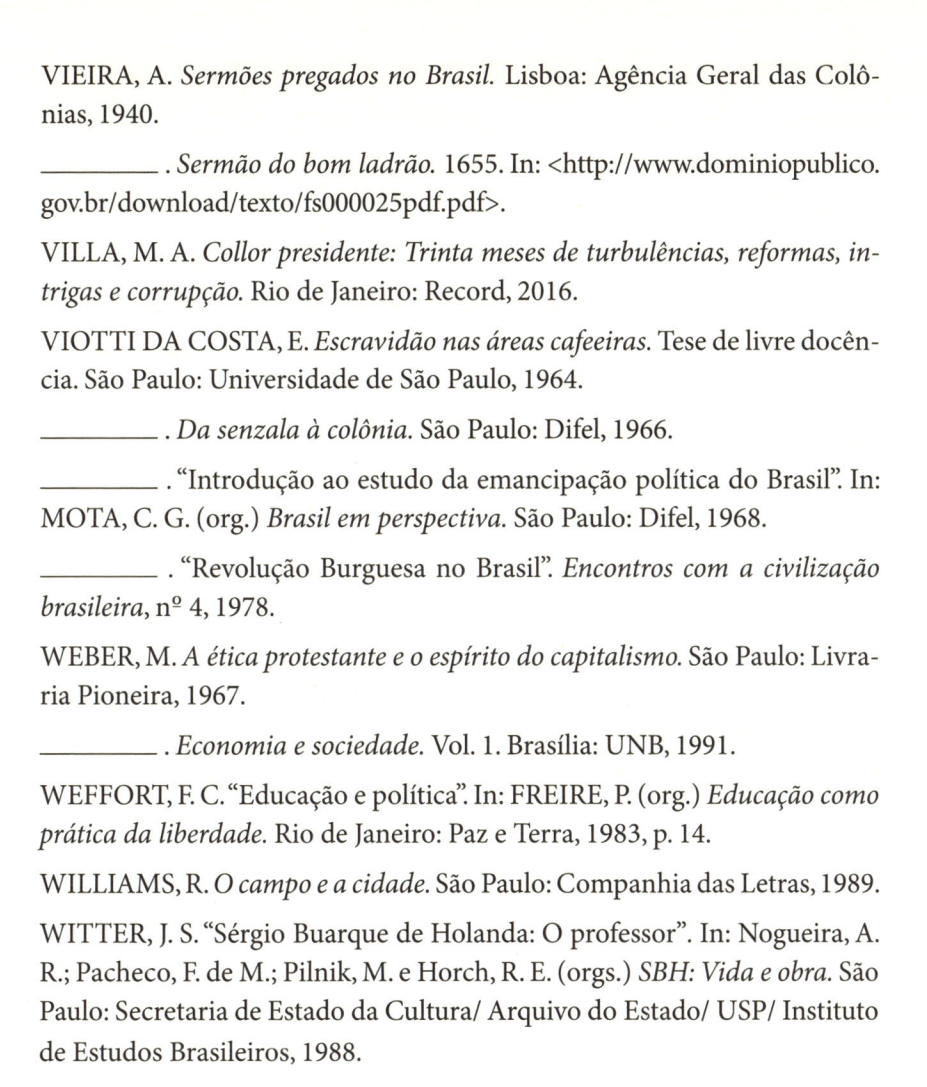

VIEIRA, A. *Sermões pregados no Brasil*. Lisboa: Agência Geral das Colônias, 1940.

_____ . *Sermão do bom ladrão*. 1655. In: <http://www.dominiopublico.gov.br/download/texto/fs000025pdf.pdf>.

VILLA, M. A. *Collor presidente: Trinta meses de turbulências, reformas, intrigas e corrupção*. Rio de Janeiro: Record, 2016.

VIOTTI DA COSTA, E. *Escravidão nas áreas cafeeiras*. Tese de livre docência. São Paulo: Universidade de São Paulo, 1964.

_____ . *Da senzala à colônia*. São Paulo: Difel, 1966.

_____ . "Introdução ao estudo da emancipação política do Brasil". In: MOTA, C. G. (org.) *Brasil em perspectiva*. São Paulo: Difel, 1968.

_____ . "Revolução Burguesa no Brasil". *Encontros com a civilização brasileira*, nº 4, 1978.

WEBER, M. *A ética protestante e o espírito do capitalismo*. São Paulo: Livraria Pioneira, 1967.

_____ . *Economia e sociedade*. Vol. 1. Brasília: UNB, 1991.

WEFFORT, F. C. "Educação e política". In: FREIRE, P. (org.) *Educação como prática da liberdade*. Rio de Janeiro: Paz e Terra, 1983, p. 14.

WILLIAMS, R. *O campo e a cidade*. São Paulo: Companhia das Letras, 1989.

WITTER, J. S. "Sérgio Buarque de Holanda: O professor". In: Nogueira, A. R.; Pacheco, F. de M.; Pilnik, M. e Horch, R. E. (orgs.) *SBH: Vida e obra*. São Paulo: Secretaria de Estado da Cultura/ Arquivo do Estado/ USP/ Instituto de Estudos Brasileiros, 1988.

ESTAÇÃO BRASIL

ESTAÇÃO BRASIL é o ponto de encontro dos leitores que desejam redescobrir o Brasil. Queremos revisitar e revisar a história, discutir ideias, revelar as nossas belezas e denunciar as nossas misérias. Os livros da ESTAÇÃO BRASIL misturam-se com o corpo e a alma de nosso país, e apontam para o futuro. E o nosso futuro será tanto melhor quanto mais e melhor conhecermos o nosso passado e a nós mesmos.